は じ め に

「日本人男性はスケベで……　……イメージの原因
女性に言われたことがある……　……にあるのかもしれない。
を観て、電車の中では漫画な……　……はスケベでありながら、スケベ
系雑誌を読むなんて、という……　……を消すことのできる魔法の武器であ
い。そして、中国に駐在や出張……　る。相手の日本語が流暢ならいいが、日
ば、小姐（女性）のいるスナックやクラ　本語の話せない美女に中国で出会ったら
ブで大宴会、こんなところから日本人男　どうするか？
性のイメージがつくられるのだろう。

しかし、である。私が上海に住み、中
国人・香港人・台湾人に囲まれて働き、
欧米人との交流を通して得た結論は、
「男はみな同じ」である。冷静になって
中国人および中国にいる他国の人々の行
動を見ていると、結局やっていること
は、みな同じ。好きになった女性は、何
とかしてゲットしたいのである。

では、なぜ「日本人男性はスケベ」と
いうイメージがあるのだろうか？　おそ
らく最終行為に至るまでの過程なのだろ
う。多くの言葉を交わし、お互いに理解
するようになる前に最終行為を期待して
しまうところにあるのではないか。ちな
みに中国、香港、台湾人は非常に話好
き、欧米人は話好きのうえに、演出好き
である。みんな「言葉」を駆使して、気
に入った女性を落とそうとしている。増

片言の中国語、筆談、何でもいいか
ら、一生懸命会話をするだろう。では、
途中の段階をクリアし、最終行為になっ
た場合、どういう会話をすればいいのか。
そのときに使う会話、単語がこの本には
数多く掲載されている。

中国では広東語、上海語などの数多く
の言語が存在し、さらには四川方言、温
州方言など、数多くの方言も存在する。
しかし、一般的には標準語である「普通
話」（プートンホアと発音し、日本では
北京語と言われている）が話せれば、ほ
とんどの中国人と会話ができる。

まずこの普通話に慣れることが、大人
の会話の入口になる。がんばれば、必ず
報われる。健闘を祈る。

金井秀文

この本の使い方

ローマ字
すべての日本語にローマ字をつけています。中国人が日本語を覚えたいときに活用してください。

中国語
日本で使用されている漢字は「繁体字」ですが、中国では簡略化された漢字「簡体字」を使用するため、「簡体字」で表記しています。

読み方
中国語には、「ピンイン」と呼ばれるローマ字の発音記号がありますが、本書ではすべて「ピンイン」をカタカナで表記し直してあります。ときには、アクセントやイントネーションによって伝わらないこともありえます。そんなときは、この本を見せつつ相手にたずねて、コミュニケーションを深めてください。

[ ] のセリフ
ほかの単語に置き換えられるもの。その候補は青い枠に。

日本語

黒い枠
基本的に日本人男性のセリフ

赤い枠
基本的に中国人女性のセリフ

scene_2 デート

デート

あいさつ

こんにちは。調子はどう？
KONNICHIWA CHOUSHI WA DOU

你好。怎么样？
ニーハオ ゼンマヤン

ええ、大丈夫よ。ありがとう
EE DAIJOUBU YO ARIGATOU

很好。 谢谢
ヘンハオ シェ シェ

おはよう
OHAYOU

早上好
ザオ シャンハオ

こんにちは
KONNICHIWA

你好 → 朝・昼・晩 使える
ニーハオ

こんばんは
KONBANWA

晩上好
ワン シャンハオ

あまり調子がよくない
AMARI CHOUSHI GA YOKUNAI

不是很好
ブーシーヘンハオ

待った？
MATTA

你等我了吗？
ニィーダンウォーラ マ

遅れてごめんね
OKURETE GOMEN NE

对不起.我来得很晚
ドゥイブチー ウォーライダヘンワン

いま来たところ
IMA KITA TOKORO

我现在来的
ウォーシェンザイライダ

42

●この本の成り立ち

本書は大きく分けて、7デから始まるイラスト会話集と、99デからの解説編から成っています。イラスト会話集では大人の男女のあいだで交わされる会話を想定し、シチュエーション別に紹介しました。

日本人男性のセリフは黒枠、中国人女性のセリフは赤枠としています。セリフ中、[ ] で囲われている部分は、ほかの単語に置き換えられることを表し、その候補を青枠で囲った単語集で紹介しています。

ちなみに、男女の話す中国語には大きな

CHINESE

大人のイラスト会話集

中国語

北京话

金井秀文

イラスト 坂川りえ

実業之日本社

誕生日当てゲーム 猜生日比赛 ツァイシェンリービーサイ

※電卓を用意してください。
※请准备台式电子计算机。
チンジュンベイタイシーディエンズジースワンジー

1 「生まれた月」と「生まれた日」の数字を思い浮かべてください。
请想起「出生的月」与「出生的日」的数字。
チンシャンチー「チューシャンダユエ」イゥー「チューシャンダリー」ダシューズ

2 「生まれた月」を2倍してください。
「出生的月」请乘2。
「チューシャンダユエ」チンチャンアー

3 その数字に5を足してください。
那个数字,请加5。
ナーガシューズ、チンジャーウー

4 その数字に50を掛けてください。
那个数字,请乘50。
ナーガシューズ、チンチャンウーシー

5 その数字に「生まれた日」を足してください。
那个数字,请加「出生的日」。
ナーガシューズ、チンジャー「チューシャンダリー」

6 そこから222を引いてください。
从那里,请减222。
ツォンナーリ、チンジェンリャンバイアーシーアー

☞ 続きは巻末を……。
继续看末页
ジーシューカンモーイエ

砂漠で何を飲む？ 在沙漠喝什么？ ザイシャーモーハーシェンマ？

あなたは砂漠をさまよっています。もう5日も何も飲んでいません。ノドがカラカラです。
そこに、ジュースの自動販売機を見つけました。買えるのはひとつだけです。あなたなら、どれを選びますか？

你彷徨着沙漠。5天你没喝什么。你非常渴了。
ニーパンホワンジャシャーモー。ウーテェンニーメイハーシェン。ニーフェイチャンカーラ。

在那里，你发现了果汁的自动销售机。买得起只是一个。你选哪个？
ザイナーリ、ニーファーシェンラグオジーダズードンシャオショウジー。マイダチージーシーイーガ。ニーシュエンナーガ。

A 雨水（500cc）
雨水（500cc）
イゥーシュイ（ウーバイシーシー）

B まずそうな蛇の血ジュース（2リットル）
看起来不好喝的蛇的血果汁（2升）
カンチライブーハオハーダシャーダシュエグオジー（リャンシャン）

C ミネラル・ウォーター（200cc。3本に1本は空）
矿泉水（200cc。3个中1个天空）
クワンチュエンシュイ（リャンバイシーシー。サンガジョンイーガテェンコン）

D ちょっと濁った泥水（好きなだけ）
稍微不干净的泥水（喜欢的量）
シャオウェイブーガンジンダニーシュイ（シーファンダリャン）

E 大好きなオレンジ・ジュース（50cc）
非常喜爱的橙汁（50cc）
フェイチャンシーアイダチャンジー（ウーシーシーシー）

☞ 続きは巻末を……。
继续看末页
ジーシューカンモーイエ

青い枠
会話中で置き換えて使
える単語

[青枠内]
日本語　ローマ字　中国語　読み方

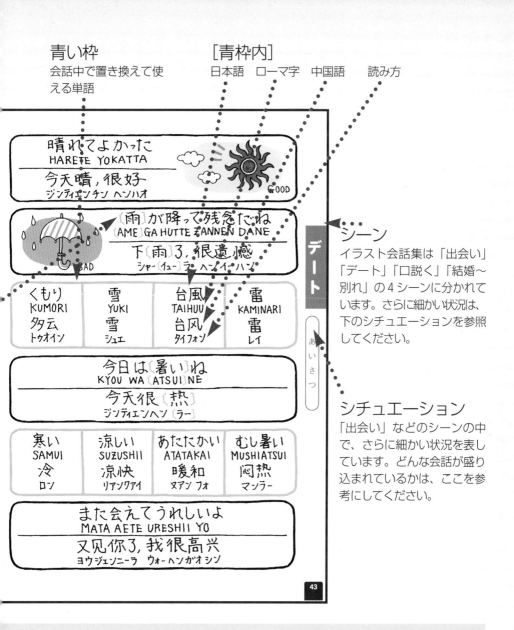

シーン
イラスト会話集は「出会い」「デート」「口説く」「結婚〜別れ」の4シーンに分かれています。さらに細かい状況は、下のシチュエーションを参照してください。

シチュエーション
「出会い」などのシーンの中で、さらに細かい状況を表しています。どんな会話が盛り込まれているかは、ここを参考にしてください。

違いがないため、黒枠を日本人女性、赤枠を中国人男性として活用することもできます（ただし59㌻〜のscene_3については男性が黒枠、女性が赤枠のセリフを）。

なお本書の中国語は、中国の標準語「普通話」（プートンホア）です。実際に中国で「北京語」というと「北京訛り」のことを指しますが、日本では中国の標準語を「北京語」と一般的に呼ぶため、それに基づき表記しました。ご了承ください。

contents

scene_3 口説く 59

君が好きだ／ベッドで／妊娠!?／ケンカする

中国人のＳＥＸ観 71

scene_4 結婚〜別れ 75

家族に会いたい／結婚しよう／国際電話で……／
「問題があります」／別れる／

中国人との結婚 79
中国の電話・メール事情と
国際電話 81
中国人との結婚生活 88

中国人と出会う／口説く＆つきあう

■「会話で使える」日本語－中国語辞書 119

この本の使い方 2／超基本的な中国語会話 6

はじめに 1／おわりに 134

超基本的な中国語会話

本編に入る前に、まずは超基本的な日常会話を押さえておこう。

●1 私、あなた、彼、彼女……

私	我	ウォー
あなた	你	ニー
彼	他	ター
彼女	她	ター

●2 あいさつする

おはよう	早上好	ザオシャンハオ
こんにちは	你好	ニーハオ
こんばんは	晩上好	ワンシャンハオ
さようなら	再见	ザイジェン
ごきげんいかが	你好吗?	ニーハオマ
元気です。ありがとう	很好.谢谢.	ヘンハオ。シエシエ
ご飯食べた?	你吃饭了吗?.	ニーチーファンラマ?

(你吃饭了吗?.は「ご飯を食べたかどうか」を知りたいというより、うまくやっているかどうか、問題ないかどうかを聞くニュアンス。日常のあいさつの定番)

●3 答える

はい	是	シー
いいえ	不是	ブーシー
あります	有	ヨウ
ありません	没有	メイヨウ
いいですよ	行	シン
いやです	不行	ブーシン

●4 質問する

| ～でしょ? | 了吧. | ～ラバ |
| 例）食べたでしょ? | 你吃饭了吧. | ニーチーファンラバ |

●5 日本語で話そう

どうしても相手の言うことがわからないときは、相手が日本語ができるなら、こう頼んでみよう。

| 日本語で話してください | 请你说日文. | チンニーシュオリーウェン |

scene_3 口説く 59

君が好きだ／ベッドで／妊娠!?／ケンカする

column　中国人のＳＥＸ観　71

scene_4 結婚〜別れ 75

家族に会いたい／結婚しよう／国際電話で……／
「問題があります」／別れる／

column　中国人との結婚　79
中国の電話・メール事情と
国際電話　81
中国人との結婚生活　88

超基本的な中国語会話

本編に入る前に、まずは超基本的な日常会話を押さえておこう。

● 1 私、あなた、彼、彼女……

私	我	ウォー
あなた	你	ニー
彼	他	ター
彼女	她	ター

● 2 あいさつする

おはよう	早上好	ザオシャンハオ
こんにちは	你好	ニーハオ
こんばんは	晚上好	ワンシャンハオ
さようなら	再见	ザイジェン
ごきげんいかが	你好吗?	ニーハオマ
元気です。ありがとう	很好.谢谢.	ヘンハオ。シエシエ
ご飯食べた？	你吃饭了吗?.	ニーチーファンラマ？

（你吃饭了吗?.は「ご飯を食べたかどうか」を知りたいというより、うまくやっているかどうか、問題ないかどうかを聞くニュアンス。日常のあいさつの定番）

● 3 答える

はい	是	シー
いいえ	不是	ブーシー
あります	有	ヨウ
ありません	没有	メイヨウ
いいですよ	行	シン
いやです	不行	ブーシン

● 4 質問する

| ～でしょ？ | 了吧. | ～ラバ |
| 例）食べたでしょ？ | 你吃饭了吧. | ニーチーファンラバ |

● 5 日本語で話そう

どうしても相手の言うことがわからないときは、相手が日本語ができるなら、こう頼んでみよう。

| 日本語で話してください | 请你说日文. | チンニーシュオリーウェン |

6

scene_1

出会い

出会いのテクニック

言葉を発しなければ、その人の存在を認めない中国人。

日本人が尊ぶ「沈黙は金なり」は、

出会い

名前は何？

名前を教えて
NAMAE WO OSHIETE

你叫什么名字
ニー ジャオ シェンマ ミンズ

〔王红〕です
〔WANHON〕DESU

なくても通じる ← 我叫〔王红〕
ウォージャオ〔ワンホン〕

〔名字〕は？
〔MYOUJI〕 WA

〔你的姓〕是什么？
〔ニーダ シン〕シーシェンマ

ニックネーム
NIKKUNĒMU

昵称
ニー チャン

紙に名前を書いてよ
KAMI NI NAMAE WO KAITE YO

在纸上请写你的名字
ザイ ジーシャンチンシエニーダ ミンズ

名前の意味は？
NAMAE NO IMI WA

名字的意思是什么？
ミンズ ダ イース シーシェンマ

①いい名前だね
II NAMAE DANE

你的名字是很好的
ニーダ ミンズ シーヘンハオダ

②いい名前だね 発音がいい ←
II NAMAE DANE

你的名字很好听
ニーダ ミンズ ヘンハオ ティン

あなたの〔お母さん〕の名前は？
ANATA NO 〔OKAASAN〕 NO NAMAE WA

你的〔妈妈〕叫什么名字？
ニーダ 〔マーマ〕 ジャオ シェンマミンズ

兄弟はいるの？
KYOUDAI WA IRU NO

你有兄弟姐妹吗？
ニー ヨウ シォンディジェメイ　マ

お父さん
OTOUSAN
爸爸
パーパ

お母さん
OKAASAN
妈妈
マーマ

おじいさん
OJIISAN
爷爷
イエイエ

おばあさん
OBAASAN
奶奶
ナイナイ

お兄さん
ONIISAN
哥哥
ガーガ

お姉さん
ONEESAN
姐姐
ジェジエ

弟
OTOUTO
弟弟
ディーディ

妹
IMOUTO
妹妹
メイメイ

夫
OTTO
丈夫
ジャンフ

妻
TSUMA
妻子
チーズ

子ども
KODOMO
孩子
ハイズ

親せき
SHINSEKI
亲戚
チンチー

いくつ？	〔23〕歳です
IKUTSU	〔NIJUU-SAN〕SAI DESU
你今年多大了？	〔23〕岁
ニー ジンニィェンドゥオダーラ	〔アーシーサン〕スゥイ

何歳に見える？
NANSAI NI MIERU

你看我多大了？
ニー カノ ウォー ドゥオダーラ

✧ 数字の数え方 ✧

1 ICHI 一 イー	2 NI 二 アー	3 SAN 三 サン	4 SHI 四 スー	5 GO 五 ウー

6 ROKU 六 リゥ	7 NANA 七 チー	8 HACHI 八 バー	9 KU 九 ジゥ	10 JUU 十 シー

11 JUU-ICHI 十一 シーイー	12 JUU-NI 十二 シーアー	13 JUU-SAN 十三 シーサン	14 JUU-SHI 十四 シースー		
15 JUU-GO 十五 シーウー	20 NIJUU 二十 アーシー	25 NIJUU-GO 二十五 アーシーウー	30 SANJUU 三十 サンシー	40 SHIJUU 四十 スーシー	50 GOJUU 五十 ウーシー
60 ROKUJUU 六十 リゥーシー	70 NANAJUU 七十 チーシー	80 HACHIJUU 八十 バーシー	90 KYUUJUU 九十 ジゥシー	100 HYAKU 一百 イーバイ	0 ZERO 零 リン

いなかはどこ？
INAKA WA DOKO

你的家乡在哪儿？
ニー ダ ジャーシャンザイナール

P12〜P15の
地図参照 →〔寧波〕です
〔NINPŌ〕DESU

在〔宁波〕
ザイ〔ニンポー〕

〔寧波〕はいいところなの？
〔NINPŌ〕WA II TOKORO NANO

〔宁波〕好吗？
〔ニンポー〕ハオマ

〔寧波〕は好き？
〔NINPŌ〕WA SUKI

你喜欢〔宁波〕吗？
ニー シーファン〔ニンポー〕マ

どこに住んでるの？
DOKO NI SUNDE RU NO

你住在哪里？
ニー ジューザイ ナーリ

P12〜P15の
地図参照 →〔上海〕です
〔SHANHAI〕DESU

我住在〔上海〕
ウォージューザイ〔シャンハイ〕

今度、〔上海〕でおもしろいところ教えてよ
KONDO〔SHANHAI〕DE OMOSHIROI TOKORO OSHIETE YO

下次，告诉我〔上海〕好玩儿的地方
シャーツー ガオス ウォー〔シャンハイ〕ハオ ワール ダ ディーファン

出会い

出身地はどこ？

中華人民共和国
CHUU KAJIN MIN KYOUWAKOKU
中华人民共和国
チョンホアレンミンコンフーグゥオ

内モンゴル
UCHIMONGORU
内蒙
ネイ モン

新疆ウィグル自治区
SINKYOU UIGURUJICHIKU
新疆
シン ジアン

寧夏回族自治区
NEIKA KAIZOKUJICHIKU
宁夏
ニン ジアー

青海省
SEI KAI SHOU
青海
チン ハイ

山
SAN
山
シャ

チベット自治区
CHIBETTO JICHIKU
西藏
シー ザン

甘粛省
KANSHUKUSHOU
甘肃
カン スー

陝西省
SEN SEI SHOU
陝西
シャン シー

河南省
KA NANSH
河南
フー ナン

四川省
SHISENSHOU
四川
スー チュアン

湖北省
KO HOKUSH
湖北
フー ペイ

雲南省
UN NANSHOU
云南
イン ナン

貴州省
KI SHUU SHOU
贵州
グゥイ チョウ

湖南省
KO NANSHOU
湖南
フー ナン

広西壮族自治区
KOUSEI SOU ZOKU JICHIKU
广西
グゥアン シー

広東省
KANTONSHO
广东
グゥアントン

海南省
KAI NANSHOU
海南
ハイ ナン

12

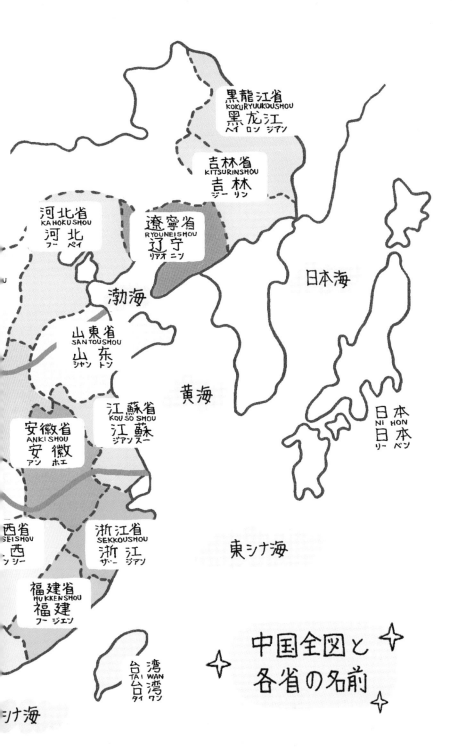

黒龍江省
KOKURYUUKOUSHOU
黒龙江
ヘイ ロン ジアン

吉林省
KITSURINSHOU
吉林
ジー リン

河北省
KAHOKUSHOU
河北
フー ペイ

遼寧省
RYOUNEISHOU
辽宁
リアオ ニン

日本海

渤海

山東省
SANTOUSHOU
山东
シャン トン

黄海

日本
NI HON
日本
リー ペン

江蘇省
KOU SO SHOU
江蘇
ジアンスー

安徽省
ANKISHOU
安徽
アン ホエ

西省
SEISHOU
西
ンシー

浙江省
SEKKOUSHOU
浙江
ザー ジアン

東シナ海

福建省
HU KKENSHOU
福建
フー ジエン

湾湾
台台
WAN
TAI
タイ ワン

中国全図と
各省の名前

シナ海

13

scene_1 出会い

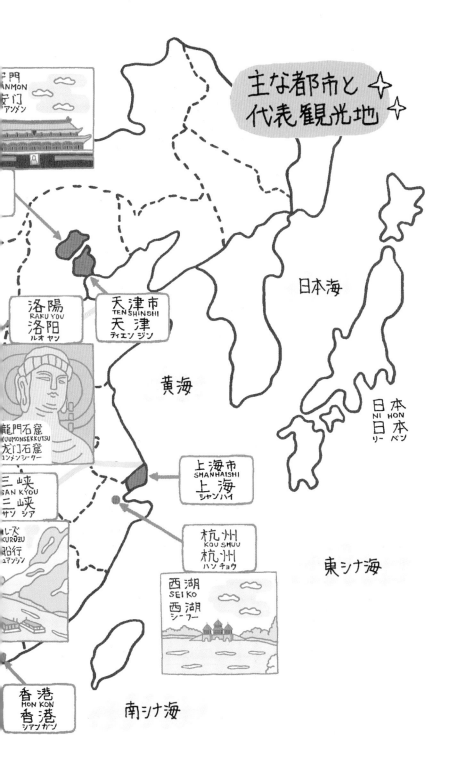

主な都市と
代表観光地 ✧
✧

天安門
ANMON
安門
アンメン

日本海

洛陽
RAKU YOU
洛阳
ルオヤン

天津市
TENSHINSHI
天津
ティエンジン

黄海

龍門石窟
KUUMONSEKKUTSU
龙门石窟
ロンメンシークー

日本
NI HON
日本
リーベン

三峡
SAN KYOU
三峡
サンシア

上海市
SHANHAISHI
上海
シャンハイ

クルーズ
KURUZU
船行
ユアマシン

杭州
KOU SHUU
杭州
ハンチョウ

東シナ海

西湖
SEI KO
西湖
シーフー

香港
HON KON
香港
シアンガン

南シナ海

出身地はどこ？

どこに泊まっているの？
DOKO NI TOMATTE IRUNO

你住在哪个饭店？
ニー ジュー サツァイ ナーガ ファンディエン

花園飯店だよ
HOWAYUEN HANTEN DAYO

花园饭店
ホワー ユエン ファンディエン

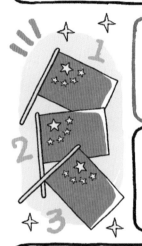

中国は初めて？
CHUUGOKU WA HAJIMETE

来中国第一次的吗？
ライ ジョングゥオ ディー イー ツー ダ マ

いや、3回目かな
IYA SAN KAIME KANA

不,第三次
ブー ディー サンツー

P12～P15の
地図参照 →〔北京〕にも行ったことがあるよ
〔PEKIN〕NIMO ITTA KOTO GA ARUYO

〔北京〕也去过
〔ベイジン〕イエ チゥイ グゥオ

いつ〔中国〕に来たの？
ITSU〔CHUUGOKU〕NI KITANO

你什么时候来〔中国〕了？
ニー シェンマ シー ホウ ライ〔ジョングゥオ〕ラ

いつ〔日本〕に帰るの？
ITSU〔NIHON〕NI KAERUNO

你什么时候回〔日本〕
ニー シェンマ シー ホウ ホエ〔リーベン〕

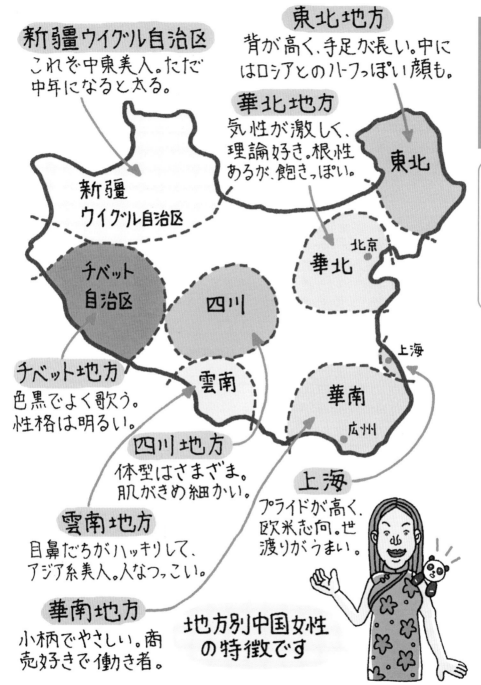

東北地方
背が高く、手足が長い。中にはロシアとのハーフっぽい顔も。

新疆ウイグル自治区
これぞ中東美人。ただ中年になると太る。

華北地方
気性が激しく、理論好き。根性あるが、飽きっぽい。

新疆ウイグル自治区

東北

北京

華北

チベット自治区

四川

上海

チベット地方
色黒でよく歌う。性格は明るい。

雲南

華南

広州

四川地方
体型はさまざま。肌がきめ細かい。

上海
プライドが高く、欧米志向。世渡りがうまい。

雲南地方
目鼻だちがハッキリして、アジア糸美人。人なつっこい。

華南地方
小柄でやさしい。商売好きで働き者。

地方別中国女性の特徴です

出会い

誕生日はいつ？

誕生日はいつ？
TANJOUBI WA ITSU

你的生日是什么时候
ニーダ シェンリーシ シェンマ シーホウ

日にちはP10「数字の
数え方」を参照 ⟶ 〔4月23日〕です
〔SHI GATSU NIJUU-SAN NI CHI〕DESU

〔四月二十三日〕
〔スーユエアーシ サンリー〕

✧ 月の数え方 ✧

1月 ICHI-GATSU 一月 イー ユエ	2月 NI-GATSU 二月 アー ユエ	3月 SAN-GATSU 三月 サン ユエ	4月 SHI-GATSU 四月 スー ユエ
5月 GO-GATSU 五月 ウー ユエ	6月 ROKU-GATSU 六月 リウ ユエ	7月 SHICHI-GATSU 七月 チー ユエ	8月 HACHI-GATSU 八月 パー ユエ
9月 KU-GATSU 九月 ジウ ユエ	10月 JUU-GATSU 十月 シー ユエ	11月 JUU-ICHI-GATSU 十一月 シーイー ユエ	12月 JUU-NI-GATSU 十二月 シーアー ユエ

中国の祭日

中国の全国的な祭日は、元旦（1月1日）、春節（陰暦の1月1日で、毎年1月下旬～2月上旬）、労働節（5月1日）、国慶節（10月1日）で、元旦以外は、その前後1週間くらい休むのが普通である。その他にも、婦女節（3月8日）、青年節（5月4日）、中秋節（旧暦8月15日）などがある。

じゃあ、〔牡牛座〕だね
JYAA 〔OUSHIZA〕 DANE

那么，是〔金牛座〕
ナマ　シー〔ジンニィウズオ〕

ぼくは〔乙女座〕だから、相性はいいね
BOKU WA 〔OTOMEZA〕 DAKARA AISHOU WA II NE

因为我是〔处女座〕,性格相合好
インウェイウォーシー　〔チューニューズオ〕　ジンガー　シャンハーハオ

✧　星座の呼び方　✧

牡羊座 3/21～4/19
OHITSUJIZA
白羊座
バイヤンズオ

牡牛座 4/20～5/20
OUSHIZA
金牛座
ジンニィウズオ

双子座 5/21～6/21
FUTAGOZA
双子座
シュワンズズオ

蟹座 6/22～7/22
KANIZA
巨蟹座
ジューシエズオ

獅子座 7/23～8/22
SHISHIZA
狮子座
シーズズオ

乙女座 8/23～9/22
OTOMEZA
处女座
チューニューズオ

天秤座 9/23～10/23
TENBINZA
天秤座
ティエンチャンズオ

蠍座 10/24～11/22
SASORIZA
天蝎座
ティエンイエズオ

射手座 11/23～12/21
ITEZA
射手座
シャーショウズオ

山羊座 12/22～1/19
YAGIZA
摩羯座
モージエズオ

水瓶座 1/20～2/18
MIZUGAMEZA
水瓶座
シュイピンズオ

魚座 2/19～3/20
UOZA
双色座
シュワンユウィーズオ

出
会
い

誕
生
日
は
い
つ
？

干支は何？
ETO WA NANI
十二生肖是什么？
シーアーシャンシャオ シーシェンマ

十二支

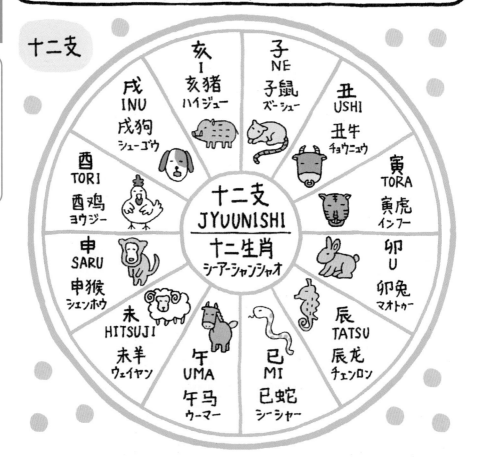

亥
I
亥猪
ハイジュー

子
NE
子鼠
ズーシュー

丑
USHI
丑牛
チョウニュウ

戌
INU
戌狗
シューゴウ

寅
TORA
寅虎
インフー

酉
TORI
酉鶏
ヨウジー

十二支
JYUUNISHI
十二生肖
シーアーシャンシャオ

卯
U
卯兔
マオトゥー

申
SARU
申猴
シェンホウ

辰
TATSU
辰龙
チェンロン

未
HITSUJI
未羊
ウェイヤン

午
UMA
午马
ウーマー

巳
MI
巳蛇
シーシャー

中国人女性の占い観

　日本同様、中国人女性も占い好き。ただ東洋系の占いの本場と見られがちの中国だが、日本のように占い師を街角で数多く見つけることはできない。

　しかし、WEBサイトでは最近数多くの占いサイトが出てきた。この点は日本と似ている。基本的にいい結果を信じ、悪い結果は信じないという人が多いようだ。これも日本と変わらない。

仕事は何？
SHIGOTO WA NANI

你做什么工作？
ニー ズゥオ シェンマ ゴンズゥオ

〔OL〕です
〔OERU〕DESU

办〔公室女〕职员
バン〔ゴンシーニュー〕ジー ユェン

事務員 JIMUIN 事务员 シーウーユエン	秘書 HISHO 秘书 ミーシュー	店員 TENIN 店员 ディエンユエン	先生 SENSEI 老师 ラオシ
公務員 KOUMUIN 公务员 ゴンウーユエン	学生 GAKUSEI 学生 シュエシャン	ホステス HOSUTESU 陪酒小姐 ペイジウシャオジエ	失業中 SHITSUGYOUCHUU 失业中 シーイエジョン

給料はいくら？
KYUURYOU WA IKURA

你的工资是多少？
ニー ダ ゴンズー シ ドゥオシャオ

数字の数え方→〔1〕ヵ月〔4.000元〕です
はP10参照　IKKAGETSU YONSEN GEN DESU

〔一〕个月〔四〇〇〇元〕
イーガユエ スー チェン ユェン

scene_1 出会い

出会い

仕事は何？

仕事は何時から？
SHIGOTO WA NANJI KARA
工作几点？
ゴンズゥオ ツォン ジーディエン

〔9時〕からです
KUJI KARA DESU
从〔九点〕
ツォン〔ジウディエン〕

仕事は何時まで？
SHIGOTO WA NANJI MADE
工作到几点？
ゴンズゥオ ダオ ジーディエン

〔5時〕までです
〔GOJI〕MADE DESU
到〔五点〕
ダオ〔ウーディエン〕

8時3分
HACHIJI SANPUN
八点零三分
パーディエンリンサンフェン

7時30分
SHICHIJI SANJYUPPUN
七点半
チーディエンバン

10時45分
JUUJI YONJUUGO HUN
十点四十五分
シーディエンスーシーウーフェン

11時5分前
JUUICHIJI GO HUN MAE
十一点差五分
シーイーディエンチャア ウーフェン

中国人の時間感覚

　中国人は時間にアバウトだとよくいわれる。しかし、これを鵜呑みにして中国人とつきあうと、大変な目にあう。特に若手ビジネスマンは非常に時間に厳しい。中国市場も外資系企業が増え、中国人ビジネスマンと外資系ビジネスマンとの交流が増加し、時間感覚も中国流から変化してきたのだろう。

　一方で国内企業の一部では、相変わらずルーズな面がある。約束した時間の前後15〜30分は、許容範囲になるようだ。これは自分にも相手にも同様で、自分に甘く相手に厳しいといったものではない。

　ただし、女の子との待ち合わせなら、少しくらい待つのが、ジェントルマンというものだろう。

22

時計と時間

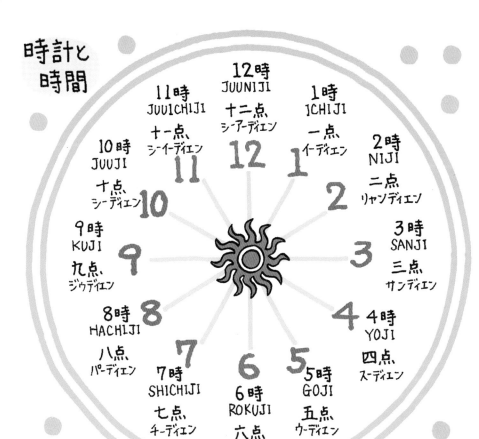

12時
JUUNIJI
十二点、
シーアーディエン

11時
JUUICHIJI
十一点、
シーイーディエン

1時
ICHIJI
一点、
イーディエン

2時
NIJI
二点、
リャンディエン

10時
JUUJI
十点、
シーディエン

3時
SANJI
三点、
サンディエン

9時
KUJI
九点、
ジウディエン

4時
YOJI
四点、
スーディエン

8時
HACHIJI
八点、
パーディエン

5時
GOJI
五点、
ウーディエン

7時
SHICHIJI
七点、
チーディエン

6時
ROKUJI
六点、
リウディエン

朝
ASA
早晨
ザオチェン

午前
GOZEN
上午
シャンウー

正午
SHOUGO
中午
ジョンウー

午後
GOGO
下午
シャーウー

夕方
YUUGATA
傍晩
バンワン

夜
YORU
晩上
ワンシャン

出会い

趣味は何？

趣味は何？
SHUMI WA NANI

你的爱好是什么？
ニーダ アイハオ シ シェンマ

〔カラオケ〕よ
〔KARAOKE〕YO

〔卡拉OK〕
〔カラオケ〕

読書 DOKUSHO 读书 ドゥーシュー	ボーリング BŌRINGU 保龄球 バオリンチウ	ビリヤード BIRIYĀDO 台球 タイ チウ
ショッピング SHOPPINGU 买东西 マイ ドンシ	音楽 ONGAKU 听音乐 ティンインユエ	ダンス DANSU 跳舞 ティヤオウー
旅行 RYOKOU 旅游 リゥーヨウ	映画 EIGA 看电影 カンディエンイン	ゲーム GĒMU 游戏 ヨウシー
テレビ TEREBI 看电视 カンディエンシー	卓球 TAKKYUU 乒乓球 ピンパンチウ	ダイビング DAIBINGU 潜水 チェンシュイ

趣味は何？

ぼくもそうだよ
BOKU MO SOU DAYO

我也一样
ウォー イエ イーヤン

本当？
HONTOU

真的吗？
ジェンダマ

今度一緒にやろうよ
KONDO ISSHO NI YAROUYO

下次我们一起做
シャーツー ウォーメン イーチー ズオ

→ここの動詞は変わる。テレビを観る
であれば〔看〕。音楽を聴くは〔听〕等

いいですよ
IIDESUYO

好
ハオ

どうしようかな
DOUSHIYOUKANA

我怎么办呢
ウォーゼンマ バンナ

楽しい
TANOSHII

好玩儿
ハオ ワール

つまらない
TSUMARANAI

没意思
メイイース

むずかしい
MUZUKASHII

难
ナン

簡単
KANTAN

简单
ジェンダン

流行している
RYUUKOU SHITEIRU

流行
リウ シン

流行していない
RYUUKOU SHITE INAI

没有流行
メイヨウ リウシン

出会い

趣味は何？

どんな〔映画〕が好き？
DONNA 〔EIGA〕 GA SUKI

你喜欢怎样的〔电影〕？
ニー シーファン ゼンヤンダ〔ディエンイン〕

音楽
ONGAKU

音乐
インユエ

〔ラブストーリー〕が好き
〔RABU STŌRĪ〕 GA SUKI

我喜欢〔爱情故事〕
ウォー シーファン〔アイチン グーシ〕

✧ 映画のジャンル ✧

コメディ KOMEDI 喜剧 シージュー	スリラー SURIRĀ 惊险 ジンシェン	アドベンチャー ADOBENCHĀ 冒险 マオシェン
カンフー KANFŪ 功夫 ゴンフ	アニメ ANIME 动画片 ドンフアピェン	社会派 SYAKAIHA 社会派 シャーホエパイ
伝記もの DENKIMONO 传记 チュワンジー	青春もの SEISHUNMONO 青春的 チンチュンダ	動物もの DOUBUTSUMONO 动物的 ドン ウーダ
中国映画 CHUUGOKU EIGA 中国电影 ジョングゥオ ディエンイン	香港映画 HONKON EIGA 香港电影 シャンガンディエンイン	日本映画 NIHON EIGA 日本电影 リーベンディエンイン	アメリカ映画 AMERIKA EIGA 美国电影 メイグゥオディエンイン

✧ 音楽のジャンル ✧

ロック ROKKU 摇滚 ヤオグン	ラップ RAPPU RAP or 说唱音乐 シュオチャンインユエ	ポップス POPPUSU POPS or 流行音乐 リウシンインユエ
流行歌 RYUUKOUKA 流行歌 リウ シンガー	クラシック KURASHIKKU 古典音乐 グーディエンインユエ	ディスコミュージック DISUKO MYŪJIKKU 迪斯科音乐 ディースーカー インユエ
男性歌手 DANSEI KASHU 男性歌手 ナンシン ガー ショウ	女性歌手 JOSEI KASHU 女性歌手 ニュー シンガー ショウ	バンド（音楽） BANDO (ONGAKU) 乐队 ユエドゥイ

中国における日本のテレビ・映画事情

中国でも日本の音楽・テレビドラマ・映画は人気だった。もともと中国では木村拓哉や竹野内豊などは知られていたし、いまでは浜崎あゆみなども人気がある。テレビドラマでは、「東京ラブストーリー」「ラブジェネレーション」「ロングバケーション」などは、都会に住む若い女性なら、ほとんどが知っているだろう。

しかし最近は、ドラマや音楽は日本のものより韓国のものに人気が集まっている。理由は、韓国製コンテンツが中国社会で露出しているからである。テレビ、ラジオ、CD、雑誌いずれの媒体においてもそうだ。携帯電話の着メロや待受画像は圧倒的に韓国ものである。

日本のコンテンツが力を持っていたときには、海賊版が広く流通していた。安い値段で入手できたため、日本の俳優・女優のことを知ることができたのだ。

海賊版は香港でダビングされ、広東で量産、そして全国へ流通していった。その間、遅くとも3週間。価格は、テレビドラマ（全11話）は80〜90元、CDは10〜20元、映画は10〜20元ぐらい。

一般の人は路地裏の海賊版専門店などで購入するのが普通だが、正規のCD・ビデオショップで堂々と売られることもあった。

好きなタイプは？

| どんな タイプ が〔好き〕？
DONNA TAIPU GA〔SUKI〕
你〔喜欢〕怎样的类型
ニー 〔シーファン〕ゼンヤンダ レンシン | きらい
KIRAI
不喜欢
ブーシーファン |

〔やさしい人〕です
〔YASASHII HITO〕DESU
〔温柔的〕
〔ウェンロウダ〕

ハンサム HANSAMU 很帅 ヘンシュワイ	お金持ち OKANEMOCHI 有钱 ヨウチエン 	背が高い SEGATAKAI 很高 ヘンガオ	スリム SURIMU 苗条 ミャオティアオ 
太った FUTOTTA 胖 パン 	若い WAKAI 年轻 ニェンチン 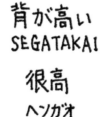	歳をとった TOSHI WOTOTTA 年龄大 ニェンリンダー	理解のある RIKAI NO ARU 有理解 ヨウ リー ジエ
信用できる SHINYOU DEKIRU 有信用 ヨウ シンヨン	誠実な SEIJITSUNA 诚实 チェンシー 真心 	気前のいい KIMAE NO II 大方 ダーファン	おもしろい OMOSHIROI 有意思 ヨウイース

28

デブ DEBU 太胖 タイパン	ハゲ HAGE 禿头 トゥートウ	ケチ KECHI 小气 シャオチー	貧乏 BINBOU 贫穷 ピンチョン
背が低い SEGAHIKUI 很矮 ヘンアイ	ぶさいく BUSAIKU 不漂亮 ブーピャオリャン	失礼 SHITSUREI 没礼貌 メイリーマオ	生意気 NAMAIKI 傲慢 アオマン
スケベ SUKEBE 色乱 スーラン	つまらない TSUMARANAI 无聊 ウーリャオ	不潔 HUKETSU 不清洁 ブーチンジエ	女々しい MEMESHII 女人气 ニューレンチー

中国人女性の日本人男性観

　スケベ、金持ち、仕事熱心、几帳面あたりが一般的。ファッションに気を使っている男性には、「かっこいい」と評価することが多い。

　よく日本人のスケベ度が強調されたりするが、冷静に見れば欧米系・台湾香港系男性のほうが超スケベである。ただし、欧米系はカッコつけまくり、台湾香港系は札束攻勢と、スケベ以上

の個性が目立つ。そのため、無個性の日本人の場合は、スケベ度だけが目立ってしまうのだ。

　ただし、そういった男性観を持っていても、それに左右されないのが、中国人女性のいいところだ。「スケベだけど、おもしろーい！」とモテまくっているスキンヘッドの40代後半の日本人男性もいる。

出会い

相手をほめる

君はぼくのタイプだよ
KIMI WA BOKU NO TAIPU DAYO

你是我喜欢的类型
ニー シーウォー シーファンダ レンシン

本当に？
HONTOU NI

真的吗？
ジェンダマ

冗談でしょ
JOUDAN DESHO

别开玩笑
ビエカイ ワンシャオ

お世辞でしょ？
OSEJI DESHO

是恭维吗？
シーゴンウェイ マ

うそつき
USO TSUKI

撒谎
サー ファン

うれしい
URESHII

高兴
ガオシン

ありがとう
ARIGATOU

谢谢
シェシェ

すごくセクシーだね
SUGOKU SEKUSHĪ DANE

你很性感的
ニー ヘンシン ガンダ

きれいな声だね
KIREINA KOE DANE

你的声音很好听
ニーダ シェンインヘンハオティン

プロポーション抜群だね
PUROPŌSHON BATSUGUN DANE

你的体型相当不措
ニー ダ ティーシン シャンダンブーツオ

スリーサイズ教えてよ
SURĪ SAIZU OSHIETEYO

你告诉我你的三围
ニーガオス ウォーニー ダ サンウェイ

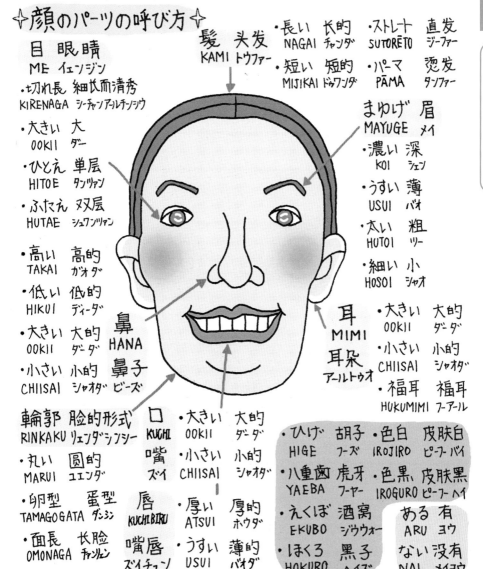

好きな顔のタイプは？
SUKI NA KAO NO TAIPU WA
你喜欢什么样的脸型？
ニー シーファン シェンマヤンダ リェンシン

✦顔のパーツの呼び方✦

髪 头发
KAMI トウファー

・長い 长的
NAGAI チャンダ

・短い 短的
MIJIKAI ドゥワンダ

・ストレート 直发
SUTORĒTO ジーファー

・パーマ 烫发
PĀMA タンファー

目 眼睛
ME イェンジン

・切れ長 細长而清秀
KIRENAGA シーチャンアールチンシウ

・大きい 大
OOKII ダー

・ひとえ 単层
HITOE タンツァン

・ふたえ 双层
HUTAE シュワンツァン

・高い 高的
TAKAI ガオダ

・低い 低的
HIKUI ディーダ

・大きい 大的
OOKII ダーダ

・小さい 小的
CHIISAI シャオダ

まゆげ 眉
MAYUGE メイ

・濃い 深
KOI シェン

・うすい 薄
USUI バオ

・太い 粗
HUTOI ツー

・細い 小
HOSOI シャオ

鼻 鼻子
HANA ビーズ

輪郭 脸的形式
RINKAKU リェンダシンシー

・丸い 圓的
MARUI ユエンダ

・卵型 蛋型
TAMAGOGATA ダンシン

・面長 长脸
OMONAGA チャンリェン

口 嘴
KUCHI ズイ

・大きい 大的
OOKII ダーダ

・小さい 小的
CHIISAI シャオダ

唇 嘴唇
KUCHIBIRU ズイチュン

・厚い 厚的
ATSUI ホウダ

・うすい 薄的
USUI バオダ

耳 耳朵
MIMI アールトゥオ

・大きい 大的
OOKII ダーダ

・小さい 小的
CHIISAI シャオダ

・福耳 福耳
HUKUMIMI フーアール

・ひげ 胡子
HIGE フーズ

・八重歯 虎牙
YAEBA フーヤー

・えくぼ 酒窝
EKUBO ジウウォー

・ほくろ 黒子
HOKURO ヘイズ

・色白 皮肤白
IROJIRO ピーフーバイ

・色黒 皮肤黒
IROGURO ピーフーヘイ

・ある 有
ARU ヨウ

・ない 没有
NAI メイヨウ

31

出会い

ボーイフレンドはいるの？

ボーイフレンドはいるの？
BŌIHURENDO WA IRUNO

你有男朋友吗？
ニー ヨウ ナンポンヨウ マ

いません
IMASEN

没有
メイヨウ

います
IMASU

有
ヨウ

本当に？
HONTOUNI

真的吗？
ジェンダマ

結婚しているの？
KEKKON SHITE IRU NO

你结婚了吗？
ニー ジエフン ラ マ

結婚していません
KEKKON SHITE IMASEN

我还没结婚
ウォー ハイ メイ ジエフン

結婚しています
KEKKON SHITE IMASU

我已结婚了
ウォー イー ジエフン ラ

〔彼〕とは別れました
〔KARE〕TO WA WAKAREMASHITA

我跟〔他〕离婚了
ウォー ゲン〔ター〕リーフン ラ

夫
OTTO

丈夫
ジャンフ

子どもはいるの？
KODOMO WA IRUNO

你有孩子吗？
ニー ヨオ ハイズ マ

あなたは〔彼女〕はいますか？
ANATA WA〔KANOJO〕WA IMASUKA
你有〔女朋友〕吗？
ニー ヨウ〔ニューポンヨウ〕マ

奥さん
OKUSAN
妻子
チーズ

僕のことはどう思う？
BOKU NO KOTO WA DOU OMOU
我怎么样？
ウォーゼンマヤン

日本人はどう？
NIHONJIN WA DOU
日本人怎么样？
リーベンレンゼンマヤン

好き
SUKI
喜欢
シーファン

嫌い
KIRAI
不喜欢
ブーシーファン

問題ありません
MONDAI ARIMASEN
没有问题
メイヨウ ウェンティ

大丈夫です
DAIJOUBU DESU
没有问题
メイヨウ ウェンティ

中国人女性の恋愛観

千差万別、人それぞれ。筆者の経験と聞いた話から推測すると、「愛してくれるなら、すべての時間を私のために」（上海人A子）や、「彼が成功するためなら、何でもしてあげる」（成都人B子）や、「キスしたら結婚しないといけない」（大連人C子）など。

ただし、このような先入観に惑わされることもない。さまざまなタイプがいるからこそ、恋愛は楽しいのだから。

デートに誘う

休みはいつ?
YASUMI WA ITSU

你什么时候休息?
ニー シェンマ シーホウ シウシ

毎週〔日曜日〕です
MAISHUU NICHIYOUBI DESU

毎周〔星期日〕
メイジョウ シンチーリー

月曜日 GETSUYOUBI 星期一 シンチーイー	火曜日 KAYOUBI 星期二 シンチーアー	水曜日 SUIYOUBI 星期三 シンチーサン
木曜日 MOKUYOUBI 星期四 シンチースー	金曜日 KINYOUBI 星期五 シンチーウー	土曜日 DOYOUBI 星期六 シンチーリウ
きのう KINOU 昨天 ズゥオティエン	今日 KYOU 今天 ジンティエン	明日 ASHITA 明天 ミンティエン

今度の休みに会える?
KONDO NO YASUMI NI AERU

下个假日,我可以见你吗?
シャーガ ジァーリー ウォーカーイー ジェンニーマ

何をするの?
NANI WO SURUNO

干什么?
ガン シェンマ

〔ショッピング〕に行こうよ
〔SHOPPINGU〕NI IKOUYO
去〔买东西〕
チュイ〔マイドンシ〕

デート
DĒTO
约会
ユエホエ

ディスコ
DISUKO

迪斯科
ディースーカー

レストラン
RESUTORAN
餐馆
ツァングァン

公園
KOUEN
公园
ゴンユェン

動物園
DOUBUTSUEN
动物园
ドンウーユエン

立入禁止

映画館
EIGAKAN

电影院
ディエンインユエン

ゲームセンター
GĒMUSENTĀ

游戏机中心
ヨウ シー ジー ジョンシン

京劇 を
KYOUGEKI WO
観に
MINI

看京剧
カン チンジー

ドライブ 兜风
DORAIBU ドウフォン

いいですよ
IIDESUYO

好
ハオ

いやです
IYADESU

不好
ブーハオ

どうしようかな
DOUSHIYOUKANA

怎么办呢
ゼンマバンナ

まだ早いわ
MADA HAYAIWA

还没过一段時間
ハオメイグゥオイードゥワンシージェン

また今度ね
MATA KONDONE

下沢吧
シャーツーバ

ごめんね
GOMENNE

对不起
ドゥイブチー

都合が悪いの
TSUGOU GA WARUI NO

我有事
ウォーヨウシー

中国人とのデートの前に……

　中国人女性とのデートでは、食事や映画などのエンターテインメントも重要だが、「イチャつく場所」をデートコースに入れておくことが、非常に重要なカギとなる。まずは、どこでイチャつくかを、徹底的に考えよう。

　最近はテレビドラマや映画の影響で、繁華街でも平気でキスしているカップルを見かけるが、基本的にイチャつくのは公園などの静かな場所がいい。夜景がきれいな公園などは、カップル天国といってもいいほど。北京の王府井（超繁華街）より、周囲の公園のほうが熱烈カップルが多い。

　中国人女性は、とにかくイチャつくことが大好きだ。「くすぐられるのに弱い人はダメ！」などと、女性から言われることもあるくらいだ。

　だからといって、食事即、自分の宿泊しているホテルへというのは避けたい。ワンクッション、イチャつきタイムを持つことが、「スケベ」と「楽しい人！」に分かれるターニングポイントとなる。

中国人女性との初デート。どこへ行けばよいか、悩んでしまうかもしれない。でも女性の人気スポット、最新アミューズメント好きは、日本も中国も同じ。経済成長の著しい中国では、中国系・外資系問わず、あらゆる個人や企業が知恵を絞り、いままでの中国にはない文化を取り入れている。

デートスポット以外では、ゆっくりとおしゃべりができる喫茶店などが人気である。中国ではトランプやゲームなどを、無料で貸し出してくれる喫茶店が多い。中国人は知人やカップルで喫茶店に行き、紅茶や中国茶を大きなポットで注文し、おしゃべりやゲームをして時間をすごすのだ。なかには4〜5時間も喫茶店ですごす人もいる。

それでは、北京と上海の初デートにふさわしいコースを紹介しよう。

北京では、まず北京動物園に行ってみてはどうだろう。オーストラリアに行ったらコアラを見るように、中国ならパンダ。本家本元のジャイアントパンダが見られる。夕方はパンダが食事後の就寝タイムなので、早い時間に行くのがオススメ。パンダ以外にも600種類ぐらいの動物がいる。

次は、景山公園へ。この公園は故宮の北側にある歴史ある公園で、周囲が約1km、高さが約45mの「景山」を中心とした一帯。山頂にそびえる「万春亭」という楼閣からは、故宮をはじめ北京市内を眼下に望める。

夜は、三里屯に行くのがオススメ。ここは北京で一番のナイトスポット。各国の大使館が多数点在しているので、外国人も多く、カフェバーやレストランが多く集まっている。そこら中からジャズやロック、ポップス、ブルースなどさまざまな音楽が流れる。夜になると、とってもロマンチックにネオンがきらめき、その幻想的なムードはカップルにピッタリだ。

上海ならば、まず上海海洋水族館に行こう。ここは世界の海洋生物が300種以上もいる、アジア最大級の水族館だ。

それから、南京路に向かう。東側の南京東路は、中国一の繁華街とも呼ばれる上海のメインストリートで、歩行者天国になっている。デパートやホテル、外資系ショップや有名老舗料理店などが軒を連ねる。西側の南京西路の公園や図書館などに寄り、ひと休み。

夕方少し暗くなってから、外灘（バンド）へ向かう。外白渡橋（旧称ガーデンブリッジ）を渡ると黄浦江沿いに遊歩道が続く。租界時代に建てられた欧米様式の古い建造物が立ち並び、異国情緒あふれるムーディーな一角。夜になるとその建物がライトアップされ、幻想的な光景が広がる。黄浦江を走る船の汽笛とともに、恋人たちの気分を盛り上げてくれる。

夜は新天地へ。ここはいま、上海の若者のあいだで人気のあるスポットで、欧米風のバーやオープンカフェ、アートギャラリー、ショップなどのオシャレな店が並ぶ。レンガ造りの建物が多く、西洋と東洋、新旧のスタイルを融合し、新しい雰囲気をかもし出している。

出会い

待ち合わせ

どこで待ち合わせようか？
DOKO DE MACHIAWASE YOU KA

我们在哪里见面？
ウォーメン サイ ナー リ ジェンミェン

徐家匯の港匯広場にしましょう
SHUJAHOE NO GANHOE HIROBANI SHIMASHOU

徐家汇的港汇广场，怎么样？
シージャー ホエ ダ ガンホエグ アンジャン ゼンマヤン

港匯広場 のどこ？
GANHOE HIROBA NO DOKO

港汇广场 的哪里？
ガンホエグ アンジャ ダ ナーリ

本屋の前で
HONYA NO MAE DE

在书店门口
ザイ シューディエン マンコウ

中国人女性との待ち合わせ

女性を待たせてはいけないというのは、世界共通のマナー。中国もその例にもれず、遅れてきた男性がひたすら女性に謝るといった光景をよく見かける。なかには、わざと遅れて、男性の愛情を計るということをときどきしたりする女性もいる。

よく待ち合わせに使われる、「スターバックス」などのカフェの場合、男性は約束時間前には着いておきたい。なぜなら先に着いた女性は、自分で飲み物を買わなければならないからだ。平均月収1500元で10元のコーヒーは少々高い。かといって、女性が店の前で待つのもはずかしいものだ。相手の事情に心配りのできるような男性は、やはりモテる。

最近、北京や上海などの大都市では、道路の渋滞が日常茶飯事。タクシーに乗っても時間が読めないことが多いから、この点は注意したい。

〔ホテル〕まで迎えに来てくれる？
〔HOTERU〕MADE MUKAE NI KITE KURERU

你能不能致〔宾馆〕来接我？
ニー ナンブナンダオ〔ピングワン〕ライジエウォー

友だちも一緒でいい？
TOMODACHI MO ISSHO DE II

朋友也在一起好吗？
ポンヨウイエザイイーチ ハオマ

いいよ
IIYO

可以
カーイ

ふたりだけがいいな
HUTARI DAKE GA II NA

我希望我门两个人在一起
ウォー シーワンウォーメンリャンガレンザイイーチ

何時にする？
NANJI NI SURU

咱们几点见？
ザンメン ジーデェンデェン

午後3時に
GOGO SAN-JI NI

下午3点
シャーウサンディエン

↰時間の表現
はP23参照

タクシー代をあげようか？
TAKUSHĪ DAI WO AGEYOU KA

给你出租车费吧？
ゲイニー チューズ チャーフェイバ

ありがとう
ARIGATOU

谢谢
シェシェ

いりません
IRIMASEN

不要
ブーヤオ

電話番号を聞く

ケータイ電話 持ってる？
KEITAI DENWA MOTTERU

你有手机吗？
ニイーヨウ ショウジーマ

【電話番号】を教えて
【DENWA BANGOU】WO OSHIETE

请告诉我你的【电话号码】？
チン ガオス ウォー ニーダ【ディエンホアハオマー】

メールアドレス
MĒRUADORESU

电子邮件地址
ディエンズヨウジェンディージー

僕の電話番号を教えるよ
BOKU NO DENWA BANGOU WO OSHIERU YO

我告诉你我的电话号码？
ウォー ガオス ニー ウォー ダ ディエンホア ハオ マー

電話してもいい？
DENWA SHITE MO II

我给你打电话,可以吗？
ウォー ゲイニー ダ ディエンホアカーイーマ

電話くれる？
DENWA KURERU

给我打电话,好吗？
ゲイ ウォーダ ディエンホア ハオマ

メールするから返事ちょうだいね
MĒRU SURU KARA HENJI CHOUDAI NE

我给你发 e-mail, 给我恢复。好吗？
ウォー ゲイニーファー イーメイル ゲイウォーホエフー ハオマ

じゃあ、また
JAA MATA

再见
ザイ ジェン

see you

scene_2
デート

デートのテクニック

中国人は、正座が苦手である。

だから畳の部屋は、非常に疲れるらしい。

そんな中国人の慣習や文化を知っていれば、

相手への心配りができ、あなたの株も急上昇するはず。

まずは相手の国に興味を持ち、楽しむこと。

そして根気よく、好きと言い続けること。

最後に、相手のニーズを知り尽くしたプレゼント攻撃をすれば、

こんにちは。調子はどう?
KONNICHIWA　CHOUSHI WA DOU

你好。怎么样?
ニーハオ　ゼンマヤン

ええ、大丈夫よ。ありがとう
EE　DAIJOUBU YO　ARIGATOU

很好。谢谢
ヘンハオ　シエシエ

デート

あいさつ

おはよう
OHAYOU

早上好
ザオ シャンハオ

こんにちは
KONNICHIWA

你好 → 朝・昼・晩 使える
ニーハオ

こんばんは
KONBANWA

晚上好
ワン シャンハオ

あまり調子がよくない
AMARI CHOUSHI GA YOKUNAI

不是很好
ブーシーヘンハオ

待った?
MATTA

你等我了吗?
ニィーダンウォーラ マ

遅れてごめんね
OKURETE GOMEN NE

对不起,我来得很晚
ドゥイブチー　ウォーライダヘンワン

いま来たところ
IMA KITA TOKORO

我现在来的
ウォーシエンザイライダ

晴れてよかった
HARETE YOKATTA

今天晴，很好
ジンティエンチン ヘンハオ

GOOD

BAD

〔雨〕が降って残念だね
〔AME〕GA HUTTE ZANNEN DANE

下〔雨〕了，很遗憾
シャー〔イユー〕ラ ヘンイーハン

くもり KUMORI 多云 トゥオイン	雪 YUKI 雪 シュエ	台風 TAIHUU 台风 タイフォン	雷 KAMINARI 雷 レイ

今日は〔暑い〕ね
KYOU WA〔ATSUI〕NE

今天很〔热〕
ジンティエンヘン〔ラー〕

寒い SAMUI 冷 ロン	涼しい SUZUSHII 凉快 リアンクアイ	あたたかい ATATAKAI 暖和 ヌアン フォ	むし暑い MUSHIATSUI 闷热 マンラー

また会えてうれしいよ
MATA AETE URESHII YO

又见你了，我很高兴
ヨウジェンニーラ ウォーヘンガオシン

scene_2 デート

どこに行きたい？
DOKO NI IKITAI

你想去哪里？
ニー シャンチュイ ナーリ

P35の→〔食事〕に行きたいわ
単語参照 〔SHOKUJI〕NI IKITAI WA

我想去〔吃饭〕
ウォー シャンチュイ〔チーファン〕

何が食べたい？
NANI GA TABETAI

你想吃什么菜？
ニー シャンチー シェンマ ツァイ

〔中華料理〕が食べたいわ
〔CHUUKARYOURI〕GA TABETAI WA

我想吃〔中国菜〕
ウォー シャンチー〔ジョングゥオツァイ〕

和食
WASHOKU
日餐
リーツァン

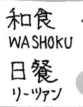

焼き肉
YAKINIKU
烤肉
カオ ロウ

フランス料理
HURANSU RYOURI
法国菜
ファーグゥオツァイ

イタリア料理
ITARIA RYOURI
意大利菜
イーターリー ツァイ

お腹は空いてるの？
ONAKA WA SUITEIRU NO

你饿吗？
ニィー アーマ

ペコペコよ
PEKO PEKO YO

很饿
ヘン アー

空いていない
SUITE INAI

不饿
ブー アー

おすすめの〔レストラン〕はある？
OSUSUME NO〔RESUTORAN〕WA ARU

你有推荐的〔餐馆〕吗？
ニーヨウ トゥイジェンダ〔ツァン グァン〕マ

あるわよ
ARUWAYO

有
ヨウ

ないわ
NAIWA

没有
メイヨウ

そこに行こう
SOKO NI IKOU

去那里吧
チュイ ナーリ バ

別のところにしよう
BETSU NO TOKORO NI SHIYOU

去另外的餐馆吧
チュイ リンワイ ダ ツァングァンバ

喫茶店 KISSATEN	ファーストフード FĀSUTOHŪDO	屋台 YATAI	バー BĀ
咖啡店 カーフェイディエン	快餐 クァイツァン	摊子 タンズ	酒吧 ジュウバー

デート

何が食べたい？

45

乗り物に乗る

どうやって行こうか？
DOU YATTE IKOUKA

咱们 怎么走？
ザンメン ゼンマ ゾウ

〔タクシー〕で行きましょう
〔TAKUSHĪ〕DE IKIMASHOU

坐〔出租车〕去
ズゥオ〔チューズーチャー〕チュイ

公共バス
KOUKYOU BASU

公共汽车
ゴンゴンチーチャー

地下鉄
CHIKATETSU

地铁
ディーティエ

鉄道
TETSUDOU

火车
フォーチャー

自転車
JITENSHA

自行车
ズーシンチャー

徒歩
TOHO

步行
ブーシン

自動車
JIDOUSHA

汽车
チーチャー

メーターを使ってください
MĒTĀ WO TSUKATTE KUDASAI

请使用计程表
チン シーヨン ジーチャンビァオ

まっすぐ行ってください
MASSUGU ITTE KUDASAI

一直走
イージー ゾウ

次の角で〔右〕に曲がってください
TSUGI NO KADO DE〔MIGI〕NI MAGATTE KUDASAI

请在下个拐角、往〔右〕拐
チンザイシャーガグゥワイジャオ ワン〔ヨウ〕グゥワイ

方向

前 MAE
前面 チェンミィエン

左 HIDARI
左 ズゥオ

右 MIGI
右 ヨウ

後ろ USHIRO
后面 ホウミィエン

もどる
MODORU

回去
ホエ チュイ

ここでおろしてください
KOKO DE OROSHITE KUDASAI

在这里下车
ザイ ジェーリーシャーチャー

いくらですか？
IKURA DESUKA

多少钱？
ドゥオシャオチェン

〔手をつないでも〕いい？
〔TE WO TSUNAIDEMO〕II

〔手拉手〕吗？
〔ショウラーショウ〕マ

肩をくむ
KATA WO KUMU

抱肩
バオ ジェン

腕をくむ
UDE WO KUMU

袖手
シウ ショウ

〔メニュー〕を見せてください
〔MENYŪ〕WO MISETE KUDASAI

请给我看〔菜单〕
チン ゲイ ウォーカン〔ツァイダン〕

どれがおすすめですか？
DORE GA OSUSU ME DESU KA

你说哪个菜好？
ニー シュオ ナー ガ ツァイハオ

これはどんな料理ですか？
KORE WA DONNA RYOURI DESUKA

这是什么菜？
ジェーシー シェンマ ツァイ

レストランで

豚肉 BUTANIKU 猪肉 ジューロウ	牛肉 GYUUNIKU 牛肉 ニウロウ	鶏肉 TORINIKU 鸡肉 ジーロウ	羊肉 YOUNIKU 羊肉 ヤンロウ	カエル KAERU 蛙 ワー
魚 SAKANA 鱼 イウー	カニ KANI 螃蟹 パンシエ	エビ EBI 虾 シャー	イカ IKA 墨鱼 モー イュー	貝 KAI 贝 ベイ
野菜 YASAI 蔬菜 シューツァイ	豆腐 TOUFU 豆腐 ドウ フー	タマゴ TAMAGO 鸡蛋 ジー ダン	ごはん GOHAN 米饭 ミー ファン	麺 MEN 面条 ミェンティアオ

デート

炒める ITAMERU 炒 チャオ	煮る NIRU 煮 ジュー
揚げる AGERU 炸 ザー	焼く YAKU 煎 ジィエン
蒸す MUSU 蒸 ジェン	生 NAMA 生的 シェンダ

レストランで

中華料理の調理方法

中華料理で特徴的なのが、調理方法の多彩さ。同じ「炒める」でも、「爆炒(バオチャオ)（高温で瞬時に炒める）」「清炒(チンチャオ)（さっと炒める）」「生炒(ションチャオ)（生から炒める）」「干炒(カンチャオ)（少量の油で炒める）」「滑炒(ホワチャオ)（下味付け後、油通しをしてから炒める）」「抓炒(ツァイチャオ)（下味付けした肉類を少し揚げてから、甘酢のきいた味付けのタレにからめるよう炒める）」など、何種類もの「炒める」がある。

辛い KARAI 辣 ラー	甘い AMAI 甜 ティエン	酸っぱい SUPPAI 酸 スゥワン	しょっぱい SHOPPAI 咸 シェン
苦い NIGAI 苦 クー	しびれる辛さ SHIBIRERUKARASA 麻 マー	熱い ATSUI 热 ラー	冷たい TSUMETAI 冷or凉 ランorリャン

君は何が[好き]？ KIMI WA NANI GA SUKI 你[喜欢]什么菜？ ニー シーファン シェンマ ツァイ	嫌い KIRAI 不喜欢 ブー シーファン

これをください
KORE WO KUDASAI

请 给我 这个
チン ゲイウォー チェーガ

好きなものを注文して
SUKI NA MONO WO CHUUMON SHITE

点你喜欢的菜
ディエンニーシーファンダ ツァイ

デート

レストランで

(食べ物) おいしい OISHII (食物) 好吃 ハオチー	(飲物) おいしい OISHII (饮料) 好喝 ハオハー	まずい MAZUI 不好吃 ブーハオチー	苦手 NIGATE 不能接受 ブーナンジエショウ	くさい KUSAI 臭 チョウ
甘すぎる AMASUGIRU 太甜 タイ ティエン	辛すぎる KARASUGIRU 太辣 タイラー	(量が)多い OOI 多 ドゥオ	(量が)少ない SUKUNAI 少 シャオ	

これは頼んでいません
KORE WA TANONDE IMASEN

我没点这个菜
ウォー メイディエン ジェーガツァイ

ORDER

これは来ていません
KORE WA KITE IMASEN

这个菜没来
ジェーガツァイ メイライ

おかわり
OKAWARI

再来一杯
ザイ ライ イーベイ

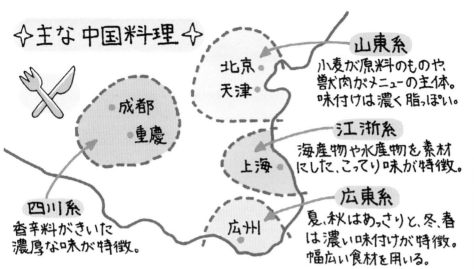

✧主な中国料理✧

山東系
小麦が原料のものや、
獣肉がメニューの主体。
味付けは濃く脂っぽい。

江浙系
海産物や水産物を素材
にした、こってり味が特徴。

広東系
夏、秋はあっさりと、冬、春
は濃い味付けが特徴。
幅広い食材を用いる。

四川系
香辛料がきいた
濃厚な味が特徴。

北京
天津

成都
重慶

上海

広州

炒飯 CHAAHAN 炒饭 チャオファン	おかゆ OKAYU 弓粥 ジョウ	水餃子 SUIGYOUZA 水饺 シュイジャオ	シューマイ SHŪMAI 烧卖 シャオマイ
ワンタン WANTAN 馄饨 グゥントゥン	ピータン PĪTAN 皮蛋 ピーダン	エビチリ EBI CHIRI 干烧虾仁 ガンシャオシャーレン	フカヒレ煮込み HUKAHIRENIKOMI 鱼翅汤 ユイチタン
カニ玉 KANITAMA 芙蓉蟹 フーロンシェ	チンジャオロース CHINJAORŌSU 青椒肉丝 チンジャオロースー	肉まん NIKUMAN 肉包子 ロウバオズ	酢豚 SUBUTA 古老肉 グゥラオロウ
北京ダック PEKINDAKKU 北京烤鸭 ベイジンカオヤー	麻婆豆腐 MAABODOUFU 麻婆豆腐 マーボートウフー	ツバメの巣スープ TSUBAMENOSU SŪPU 燕窝汤 イェンウォータン	鶏の唐揚 TORI NO KARAAGE 炸鸡 サージー

51

scene_2 デート

何か飲む？
NANIKA NOMU
你喝什么吗？
ニイー ハー シェンマ マ

乾杯！
KANPAI
干杯！
ガンペイ

コーヒー KŌHĪ 咖啡 カーフェイ	コカコーラ KOKA KŌRA 可口可乐 カーコウカーラー	サイダー SAIDĀ 汽水 チーシュイ	オレンジジュース ORENJI JŪSU 橙汁 チャンジー
紅茶 KŌCHA 红茶 ホンチャー	ウーロン茶 ŪRONCHA 乌龙茶 ウーロンチャー	プーアール茶 PŪARUCHA 普洱茶 プーアールチャー	ジャスミン茶 JASUMINCHA 茉莉花茶 モーリーファーチャー
ココア KOKOA 可可 カーカー	水 MIZU 饮料水 インリャオシュイ	ホット HOTTO 热 ラー	アイス AISU 冰 ビン

一般的に熱い飲み水は「开水（カイシュイ）」冷たい飲み水は「冰水（ビンシュイ）」という。饮用水という時もある。

お酒 OSAKE 酒 ジウ	ビール BĪRU 啤酒 ピージウ	老酒 RAOCHŪ 老酒 ラオ ジウ	白酒 PAICHŪ 白酒（白干儿） バイジウ（バイカル）
日本酒 NIHON SHU 日本酒 リーベンジウ	ウイスキー UISUKĪ 威士忌 ウェイスージー	ウォッカ WOKKA 伏特加 フーターjャー	赤（白）ワイン AKA(SHIRO) WAIN 干红（白） ガンホン（バイ）

デザート DEZĀTO 甜食 ティエンシー	果物 KUDAMONO 水果 シュイグゥオ	ケーキ KĒKI 蛋糕 ダンガオ	パフェ PAFE 百汇 バイホエ
アイスクリーム AISUKURĪMU 冰淇淋 ビンチーリン	シャーベット SHĀBETTO 果子露冰激凌 グゥオズルービンジーリン	白玉団子 SHIRATAMADANGO 汤圆 タンユエン	

おいしかった?
OISHIKATTA
好吃了吗?
ハオ チー ラ マ

いくらですか?
IKURADESUKA
多少钱?
ドゥオシャオチェン

カードは使える?
KĀDO WA TSUKAERU
这里可以用信用卡吗?
ジェーリー カーイー ヨンシンヨンカー マ

デートの際の食事マナー

　お国が違えば、マナーも異なるもの。特にデートの際には食事のマナーに気をつけたいところだ。

　メニューを見て、相手が食べたいものを聞くのが、日本では普通だが、中国では相手の嫌いなものも聞くのが一般的なマナーだ。

　注文する料理は、中華料理であれば、青菜などの炒めもの、魚料理、肉料理、スープは必須。さらに辛いもの、甘い

もの、しょっぱいものなどをバランスよくオーダーする。

　料理が来たら、先に「請（ちん）」と言って、相手に勧める。麺類は音を立てない。また中国人は食べた鶏の骨などをテーブルの上に直に置くことがあるが、それは中国では普通のことだ。

　支払いはテーブルで行なう。中国では割り勘という感覚がないので、その点も注意したい。

何か欲しいものはある？
NANI KA HOSHII MONO WA ARU

你想要什么东西吗？
ニー シャンヤオ シェンマドンシ マ

〔服〕が欲しいわ
〔HUKU〕GA HOSHII WA

我要〔衣服〕
ウォーヤオ〔イーフ〕

デート

ショッピング

シャツ SHATSU 衬衫 チェンシェン	パンツ PANTSU 裤子 クーズ	下着 SHITAGI 内衣 ネイイー	靴 KUTSU 皮鞋 ピーシエ
バッグ BAGGU 手提包 ショウディーバオ	時計 TOKEI 手表 ショウビャオ	アクセサリー AKUSESARI 装饰品 ジュワンシーピン	ジュエリー JUERI 珠宝 ジェンバオ
携帯電話 KEITAIDENWA 手机 ショウジー	化粧品 KESHOUHIN 化妆品 ホワージュワンピン	デジカメ DEJIKAME 数码照相机 シューマージャオシャンジー	家電 KADEN 家电 ジアーディエン

どんな〔色〕が好き？
DON NA〔IRO〕GA SUKI

你喜欢怎样的〔颜色〕？
ニー シーファンゼンヤンダ〔イェンスー〕

別の〔色〕がいいよ
BETSU NO〔IRO〕GA IIYO

另外的〔颜色〕好
リンワイダ〔イェンスー〕ハオ

この〔色〕がいいよ
KONO〔IRO〕GA IIYO

这个〔颜色〕好
ジェーガ〔イェンスー〕ハオ

形
KATACHI

样子
ヤンズ

赤 AKA 紅色 ホンスー	青 AO 藍色 ランスー	黄 KI 黄色 ホワンスー	緑 MIDORI 綠色 リュースー	オレンジ ORENJI 橙色 チェンスー
白 SHIRO 白色 バイスー	黒 KURO 黑色 ヘイスー	グレー GURĒ 灰色 ホェスー	金 KIN 金色 ジンスー	銀 GIN 銀色 インスー

試着してみたら？
SHICHAKU SHITE MITARA

你试衣服,怎么样?
ニー シー イーフ ゼンマヤン

GOOD!

似合ってるね
NIATTE RU NE

相称
シャンチャン

かわいいよ
KAWAII YO

很漂亮
ヘンピャオリャン

ありがとう
ARIGATOU

谢谢
シェ シェ

本当に？
HONTOU NI

真的吗?
ジェンダマ

これ、いくら？
KORE IKURA

这个 多少钱?
ジェーガ ドゥオシャオチェン

カードで
KĀDO DE

用卡支付
ヨンカージーフー

CARD

〔トラベラーズ チェック〕は使えますか、?
〔TORABERĀZU CHEKKU〕WA TSUKAE MASUKA

我能用〔旅行支票〕吗?
ウォー ナン ヨン〔リューシン ジーピャオ〕マ

デート

歌ってよ
UTATTEYO

唱歌
チャンガー

あなたから先に
ANATA KARA SAKI NI

你先唱吧
ニー シェン チャン バ

いいよ
IIYO

好
ハオ

歌は好きなんだ
UTA WA SUKI NAN DA

我喜欢唱歌
ウォー シー ファン チャンガー

はずかしいな
HAZUKASHII NA

我不好意思
ウォー ブー ハオ イース

あまり得意じゃないんだ
AMARI TOKUI JA NAIN DA

唱歌不太擅长
チャンガ ブー タイ シャンチャン

カラオケ

日本語の歌はある?
NIHONGO NO UTA WA ARU

有日文歌吗?
ヨウ リー ウェンガー マ

[日本の]歌は知ってる?
[NIHON NO]UTA WA SHITTE RU

你知道[日本的]歌吗?
ニー ジー ダオ [リーベンダ]ガー マ

中国語の歌を歌って
CHUUGOKUGO NO UTA WO UTATTE

唱中文歌
チャンジョンウェンガー

56

英語の
EIGO NO
英文的
インウェンダ

好きなアーティストは？
SUKINA ĀTISUTO WA
你喜欢的歌手是谁？
ニー シーファンダ ガー ショウシーシェイ

どんな歌が好き？
DONNA UTA GA SUKI
你喜欢怎样的歌？
ニー シーファンゼンヤンダ ガー

アメリカの〔ポップス〕が好きよ
AMERIKA NO〔POPPUSU〕GA SUKIYO
我喜欢英文的〔流行音乐〕
ウォー シーファンインウェンダ〔リウ シンインユエ〕

曲のジャンルは
← P27 参照.

中国のアーティスト事情

王力宏 Wang Leehon
台湾で人気 NO.1のアーティストで俳優としても活躍中。

韓紅 Han Hong
チベット族、チベット出身。民族曲も、ポップスも歌いこなす大スター。

迪克牛仔 Dick Cowboy
元はグループ「ディック＆カウボーイ」のメンバーだったが、現在はソロ。

周杰倫 Jay Chow
シンガーソングライター。多くの人に楽曲を提供。

五月天 May Day
台湾で人気のバンド。

王菲 Faye Wong
アルバム「Coming Home」が爆発的ヒット。映画「恋する惑星」に出演。

莫文蔚 karen Mok
イギリスで歌手としてデビュー。映画「少林サッカー」に出演。

中国で人気の
日本人アーティスト
彩虹(ラルクアンシェル)
濱崎歩(浜崎あゆみ)
V6(V6)

陳慧琳 kelly Chen
歌手、女優として、いまアジアで最も輝くスターの1人。

デュエットしよう
DYUETTO SHIYOU

我们一起唱吧
ウォーメン イーチー チャンバ

この歌は歌える？
KONO UTA WA UTAERU

你会唱这曲歌吗？
ニー ホエ チャンジェーチューガー マ

もう一曲歌って
MOU IKKYOKU UTATTE

再来唱一曲歌
サイライ チャン イー チューガー

うまい
UMAI

不错
ブー ツオ

「いい声」と言われるより「かわいい声」と言われたほうが喜ぶことが多い。

いい声だね
II KOE DANE

你的声音很好
ニーダ シェンイン ヘンハオ

かわいい声だね
KAWAII KOE DANE

你的声音很可爱
ニーダ シェンイン ヘンカーアイ

まあまあだね
MAA MAA DANE

还可以
ハイカー イー

へたくそ
HETAKUSO

不好
ブー ハオ

おどろうか？
ODOROU KA

跳舞吧？
ティヤオ ウー バ

私、得意じゃない
WATASHI TOKUI JA NAI

我不好
ウォー ブー ハオ

scene_3
口説く

口説きのテクニック

好きになれば、相手に触れてみたいと思うのは当然のこと。
しかし中国人の中には、初エッチは結婚後だというルールを、
頑なに守っている人もいる。
また、キスをしたら結婚しなければ……と思う人も。
とりあえず相手がエッチに対して、どんな考えなのか、
ムードを演出し、試してみて。

きれいだね
KIREI DA NE

漂亮
ピャオリャン

かわいいね
KAWAII NE

可爱
カーアイ

本当に？
HONTOU NI

真的吗？
ジェンダマ

もちろん
MOCHIRON

当然
ダンラン

お世辞でしょ
OSEJI DESHO

是恭维吗？
シーゴンウェイマ

違うよ
CHIGAU YO

不是
ブーシー

LOVE

君が心から好きなんだ
KIMI GA KOKOROKARA SUKI NANDA

我真喜欢你
ウォージェン シーファンニー

① 君が好きだ
KIMI GA SUKIDA

我想你
ウォー シャンニー

② 君が好きだ
KIMI GA SUKI DA

我喜欢你
ウォーシーファンニー

③ 君が好きだ
KIMI GA SUKIDA

我爱你
ウォー アイニー

君を想ってる
KIMI WO OMOTTERU

我很想你
ウォーヘン シャンニー

※「君が好きだ」の①〜③にはビミョーな違いがある。会ってまもない時に「好き」と伝えたい場合は②を、熱い思いを伝えたい場合は③を、継続的に「好き」という気持ちを伝えたい場合は①を使おう。

君が必要だ
KIMI GA HITSUYOU DA

我要你
ウォーヤオニー

君に夢中だ
KIMI NI MUCHUU DA

你入迷了
ニー ルー ミー ラ

すごく好きだ
SUGOKU SUKI DA

我非常喜欢你
ウォーフェイチャンシーファンニー

君がいないとさみしい
KIMI GA INAITO SAMISHII

你不在, 我很寂寞
ニーブーザイ ウォーヘンジームオー

ずっと一緒にいたい
ZUTTO ISSHO NI ITAI

我希望我们一直在一起
ウォーシーワンウォーメン イージー ザイイーチ

TOGETHER

離れたくない
HANARE TAKU NAI

我不想离开你
ウォー ブーシャン リーカイ ニー

ありがとう
ARIGATOU

谢谢
シエシエ

うれしい
URESHII

我很高兴
ウォー ヘンガオシン

私も好きです
WATASHI MO SUKI DESU

我也喜欢你
ウォー イエシーファンニー

ごめんなさい
GOMEN NASAI

对不起
ドゥイブチー

口説く

君が好きだ

61

僕のことは どう思う？
BOKU NO KOTO WA DOU OMOU

你怎样想我？
ニー ゼンヤン シャン ウォー

好きじゃない
SUKI JA NAI

不喜欢
ブーシーファン

嫌い
KIRAI

讨厌
タオ イェン

タイプじゃない
TAIPU JA NAI

不是我喜欢的样子
ブーシー ウォーシーファンダ ヤンズ

だれか好きな人がいるの？
DAREKA SUKINA HITO GA IRUNO

你有喜欢的人吗？
ニー ヨウ シーファンダ ダレン マ

ほかに好きな人がいます
HOKA NI SUKINA HITO GA IMASU

我有另外喜欢的人
ウォー ヨウ リンワイ シーファンダ ダレン

友だちでいましょう
TOMODACHI DE IMASHOU

我们 继续 朋友 的 关系 吧
ウォーメン ジーシュー ポンヨウダ グアンシーバ

あなたのこと、もっとよく知りたい
ANATA NO KOTO MOTTO YOKU SHIRITAI

我想了解你, 更多一点,
ウォーシャン リャオジェニー ゲン ドゥオ イーディエン

もう少し時間をかけましょう
MOU SUKOSHI JIKAN WO KAKEMASHOU

咱们需要一段的时间
ザンメン シューヤオ イードゥワン シージェン

口説く

君が好きだ

今日は帰したくない
KYOU WA KAESHITAKU NAI

今天我不让你回家
ジンティエン ウォーブーランニー ホエジャー

【ホテル】に来ない？
【HOTERU】NI KONAI

你过来【宾馆】吧
ニー グオライ【ピングワン】バ

何を考えているの？
NANI WO KANGAETEIRUNO

你想什么？
ニー シャン シェンマ

何もしないよ
NANI MO SHINAI YO

我不做什么
ウォーブーヅゥオ シェンマ

エッチなことを考えてるんでしょう
ECCHI NA KOTO WO KANGAETERUNDESHOU

你想不想好色的事？
ニー シャンブーシャン ハオスーダシー

違うよ
CHIGAU YO

不想
ブーシャン

うそつき！
USOTSUKI

撒谎！
サー ファン

今日は帰る
KYOU WA KAERU

今天我回家
ジンティエン ウォー ホエジャー

ちょっとだけなら…
CHOTTO DAKE NARA

只稍微
ジー シャオ ウェイ

いいわよ
II WA YO

可以
カーイー

口説く

君が好きだ

63

口説く

すごく セクシー だね
SUGOKU SEKUSHI DANE

你很性感的
ニー ヘン シンガンダ

きれいな 髪 だね
KIREI NA KAMI DANE

头发很漂亮
トウファー ヘン ピャオリャン

ベッドで

やわらかい YAWARAKAI	かたい KATAI	大きい OOKII
软 ルワン	硬 イン	大 ダー
小さい CHIISAI	丸い MARUI	とがった TOGATTA
小 シャオ	圆 ユエン	尖了 ジェンラ
形がいい KATACHIGAII	かわいい KAWAII	いいにおい IINIOI
好样子 ハオヤンズ	可爱 カーアイ	好气味 ハオチーウェイ
くさい KUSAI	きれい KIREI	張りがある HARIGAARU
臭 チョウ	漂亮 ピャオリャン	有张力 ヨウ ジャンリー

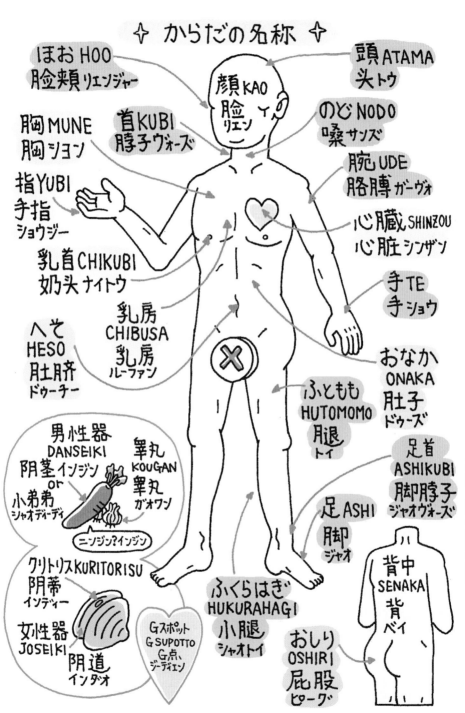

✦ からだの名称 ✦

ほお HOO
脸颊 リェンジャー

頭 ATAMA
头 トウ

首 KUBI
脖子ウォーズ

顔 KAO
脸
リェン

のど NODO
嗓 サンズ

胸 MUNE
胸 ション

腕 UDE
胳膊 ガーヴォ

指 YUBI
手指
ショウジー

心臓 SHINZOU
心脏 シンザン

乳首 CHIKUBI
奶头 ナイトウ

手 TE
手 ショウ

乳房
CHIBUSA
乳房
ルーファン

へそ
HESO
肚脐
ドゥーチー

おなか
ONAKA
肚子
ドゥーズ

ふともも
HUTOMOMO
腿
トイ

男性器
DANSEIKI
阴茎 インジン
or
小弟弟
シャオディーディ

睾丸
KOUGAN
睾丸
ガオワン

ニンジン？インジン

足首
ASHIKUBI
脚脖子
ジャオウォーズ

足 ASHI
脚
ジャオ

クリトリス KURITORISU
阴蒂
インディー

女性器
JOSEIKI
阴道
インダオ

G スポット
G SUPOTTO
G点、
ジーディェン

ふくらはぎ
HUKURAHAGI
小腿
シャオトイ

背中
SENAKA
背
ベイ

おしり
OSHIRI
屁股
ピーグゥ

ベッドで

キスしてもいい？
KISU SHITEMO II

我能吻你吗？
ウォーナンウェンニーマ

KISS
キス

① キスして
KISU SHITE

吻我
ウェンウォー

② キスして
KISU SHITE

请吻我
チンウェンウォー

口説く

ベッドで

シャワーを浴びる？
SHAWĀ WO ABIRU

你洗澡吗？
ニー シーザオマ

あなたから
ANATA KARA

你先吧
ニー シェンバ

一緒に
ISSHO NI

一起
イーチー

脱がせてあげる
NUGASETE AGERU

我给你脱衣服
ウォー ゲイニートゥオ イーフ

ブラジャー
BURAJĀ

胸罩
ションジャオ

パンティー
PANTĪ

女性内裤
ニューシンネイクー

※「キスして」は、年齢が離れていたり、つきあいが浅い場合、②のほうを使うのが一般的。

目を閉じて
ME WO TOJITE

合上眼
ハーシャンイェン

そばにおいで
SOBANI OIDE

过来我旁边
グオライ ウォーパンビェン

電気を消して
DENKI WO KESHITE

灯火关掉吧
ダングァング アンデャオ バ

はずかしい
HAZUKASHII

不好意思
ブーハオ イース

はずかしがらないで
HAZUKASHI GARA NAIDE

別害羞
ビエ ハイシウ

あせらないで
ASERANAIDE

別着急
ビエ ジャオジー

じらさないで
JIRA SA NAIDE

別焦急
ビエ ジアオジー

触って SAWATTE 触摸 チューモー	なでて NADETE 抚摩 フーモー	なめて NAMETE 舔 ティエン
かんで KANDE 咬 ヤオ	もんで MONDE 揉 ロウ	吸って SUTTE 吸 シー

コンドームはある？
KONDŌMU WA ARU

你有避孕套吗？
ニー ヨウ ビンユゥンダオマ

コンドームがあるよ
KONDŌMU GA ARU YO

有避孕套
ヨウ ビンユゥンダオ

使って
TSUKATTE

请使用
チン シーヨン

使わないで
TSUKAWANAI DE

别使用
ビエ シーヨン

妊娠したらどうするの？
NINSHIN SHITARA DOUSURU NO

如果怀孕怎么办？
ルーグ・オ ホワイユゥン ゼンマバン

ベッドで

外に出して
SOTO NI DASHITE

在外边射精
ザイ ワイビェン シャージン

今日は安全日
KYOU WA ANZEN-BI

今天是安全日
ジンティエンシー アンチュエンリー

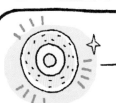

入れてもいい？
IRETEMO II

可以进去吗？
カーイー ジンチゥイマ

入れて
IRETE

来
ライ

まだ
MADA

不
ブー

✧ 体位・行為の名称 ✧

正常位
SEIJOUI
男上位
ナンシャンウェイ

騎乗位
KIJOUI
女上位
ニューシャンウェイ

後背位
KOUHAII
后进位
ホウジンウェイ

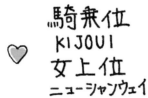

対面座位
TAIMENZAI
坐位
ズオウェイ

シックスナイン
SHIKKUSUNAIN
69
リウジウorシックスナイン

SM
ESUEMU
SM
エスエム

クンニリングス
KUNNIRINGUSU
男性口交
ナンシンコウジャオ

ベッドで

フェラチオ
FERACHIO
口交
コウジャオ

3P
SAN-P
3Por性交
サンピーorサンピーシンジャオ

アナルセックス
ANARU SEKKUSU
肛交
ガンジャオ

足の裏や陰部に対し「キタナイ」と思っている女性もいるため、過度なナメまわしは嫌われるかも。

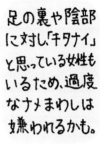

どこが感じる？ DOKO GA KANJIRU 哪里 舒服？ ナーリ　シューフ		

そこ SOKO 那里 ナーリ	そこじゃない SOKO JANAI 不是那里 ブーシーナーリ	気持ちいい KIMOCHI II 舒服 シューフ
痛い ITAI 痛 タン	続けて TSUZUKETE 継続 ジーシュー	やめて YAMETE 停 ティン
はやく HAYAKU 快 クワイ	ゆっくり YUKKURI 慢 マン	強く TSUYOKU 用力 ヨンリー
やさしく YASASHIKU 温柔 ウェンロウ	上手 JOUZU 厉害 リーハイ	へた HETA 拙劣 ジュオリエ

〔上〕になって 〔UE〕NI NATTE 你〔上〕吧 ニー〔シャン〕バ	下 SHITA 下 シャー

口説く

ベッドで

さけぶ SAKEBU 喊 ハン	あえぐ AEGU 喘 チュワン	イク！ IKU 我死了 ウォースーラ

気持ちよかった KIMOCHI YOKATTA 很舒服 ヘンシューフ	もう一回 MOU IKKAI 再来一次 ザイライイーツー

中国人のSEX観

中国人にとって、SEXは愛情の延長であるが、快楽を得ることも人間の健康のためには必須であると考えているようだ。

日本であれば、「大人のおもちゃ」に分類される商品群が、中国では「ヘルスケア商品」という感覚で、街中やデパートで堂々と売られている。「医食同源」であると同時に「医性同源」なのである。そこにSEX＝快楽＝健康といった、たくましい理念が感じられる。

最近の経済の発展、性情報の開放などによって、SEX観は矛盾を抱えながら多面性を持ち始めている。たとえば、裕福な人と1回ベットをともにすれば、1カ月分の給料に相当するお金を得たり、西洋のライフスタイルに憧れを持ち始めた女性が、SEXも開放的なものと考えたり……。

しかし、これらは都会で生活する発展的な一部の女性のこと。根底にはまだSEXは愛情の延長だという考えが強く存在する。

男女とも、SEX前の「イチャつく」時間をすごく大事にするし、自然な盛り上がりでSEXに進むケースが非常に多い点でも伺えるだろう。「出会い」のページでも書いたが、北京や上海の夜の公園では、イチャつくカップルが多く見られる。公園などでそれなりに盛り上がってから、自宅やホテルに向かうのが一般的だ。ちなみに中国には、日本でいうラブホテルのようなものはないので、宿泊しているホテルが"舞台"となるが、一部のホテルでは、女性を連れ込むのを拒む場合もある。これは売春行為を防ぐためだ。

地方の女性や若い子の中には、まったく避妊についての知識を持っていない女性もいるので注意したい。コンドームなどの避妊具は、薬局だけでなく、雑貨店などでも購入できる。

ただ、社会の変化の速さに比例し、SEX観も変化し、SEXについても公に議論されてきている。

ベッドで

scene_3 口説く

生理がないの
SEIRI GA NAI NO

没有月经
メイヨウ ユェジン

本当に？
HONTOU NI

真的吗？
ジェンダマ

妊娠したかもしれない
NINSHIN SHITA KAMO SHIRENAI

我好像怀孕
ウォー ハオ シャン ホワイユゥン

病院に行こうか？
BYOUIN NI IKOU KA

去医院吗？
チゥイイーユエンマ

検査薬を使おうか？
KENSAYAKU WO TSUKAOUKA

使用検査药吗？
シーヨン ジェンチャー ヤオ マ

ME?

本当に父親はぼく？
HONTOUNI CHICHIOYA WA BOKU

父亲真是我吗？
フーチン ジェンシー ウォーマ

産もうよ
UMOU YO

生吧
シェン バ

一緒に育てよう
ISSHO NI SODATEYOU

咱们一起养育孩子
ザンメン イーチャンイユー ハイズ

おろそう
OROSOU

打胎
ダータイ

ひとりで育てます
HITORI DE SODATEMASU

我一个人养育
ウォー イーガレンヤンイユー

口
説
く

妊
娠
!?

あなたは〔うそつき〕だ！
ANATA WA 〔USOTSUKI〕DA

你〔撒谎〕！
ニー 〔サーファン〕

わがまま
WAGAMAMA

任性
レンシン

嫉妬深い
SHITTO BUKAI

忌妒深
ジードゥ シェン

やさしくない
YASASHIKU NAI

不温柔
ブー ウェンロウ

誠実じゃない
SEIJITSU JANAI

不诚实
ブー チェンシー

ほかに好きな人がいるでしょ
HOKA NI SUKI NA HITO GA IRU DESHO

我以外，是不是你有喜欢的人
ウォー イーワイ シーブ シー ニー ヨウ シーファンダ レン

浮気してるでしょ？
UWAKI SHITERU DESHO

你外遇了吗？
ニー ワイ イゥー ラ マ

あなたは変わってしまった
ANATA WA KAWATTE SHIMATTA

你变化了
ニー ビェンホアラ

scene_3 口説く

君だけだよ
KIMI DAKE DAYO

只是你
ジーシーニー

言い訳しないで
IIWAKE SHINAIDE

别辩解
ビエ ビェンジエ

誤解だよ
GOKAI DAYO

是误会
シーウーホエ

怒らないで
OKORANAIDE

别生气
ビエシャンチー

機嫌直してよ
KIGEN NAOSHITEYO

情绪弄好吧
チンシューノンハオバ

もう好きじゃない
MOU SUKI JA NAI

我已经不喜欢你
ウォー イージンブー シーファンニー

信じられない
SHINJIRARENAI

我不相信你
ウォーブー シャンシンニー

どうして？
DOUSHITE

为什么？
ウェイ シェンマ

信じてよ！
SHINJITEYO

相信我！
シャンシン ウォー

ごめんなさい
GOMENNASAI

对不起
ドゥイブチー

ぼく（私）が悪かった
BOKU(WATASHI)GA WARUKATTA

我不好了
ウォー ブーハオラ

勘違い
KAN CHIGAI

误会
ウーホエ

間違い
MA CHIGAI

搞错
ガオツオ

口説く

ケンカする

74

scene_4

結婚〜別れ

結婚と別れのテクニック

中国は、「女性が天の半分を支える」といわれているお国柄。
だから、専業主婦といった認識はほとんどない。
結婚したら、家庭に入って家事や子育てに専念してほしい、
という希望があるにしても、女性は共働きが当たり前、
経済的に男性に依存したくないという考えが強い。
プライドが高く、キャリアがあればあるほど、
自分が家事に専念するなんて、もったいないと考えるのだ。

scene_4 結婚～別れ

君の家族に会いたい
KIMI NO KAZOKU NI AITAI

我想见你的家人
ウォー シャン ジェン ニー ダ ジャーレン

私の家族に会って
WATASHI NO KAZOKU NI ATTE

请你见我的家人
チン ニー ジェン ウォー ダ ジャーレン

〔小林猛〕です。はじめまして
〔KOBAYASHI TAKESHI〕DESU HAJIMEMASHITE

初次见面。 我是〔小林猛〕
チューツー ジェンミェン ウォーシー〔コバヤシタケシ〕

王紅さんの〔友だち〕です
WAN HON SAN NO〔TOMODACHI〕DESU

我是王红的〔朋友〕
ウォーシー ワンホンダ〔ポンヨウ〕

家族に会いたい

結婚～別れ

恋人
KOIBITO

情人
チンレン

ボーイフレンド
BŌI HURENDO

男朋友
ナンポンヨウ

ごきげんいかがですか?
GOKIGEN IKAGA DESUKA

你好吗?
ニー ハオ マ

よろしくお願いします
YOROSHIKU ONEGAI SHIMASU

请多多关照
チン ドゥオ ドゥオ グァン ジャオ

76

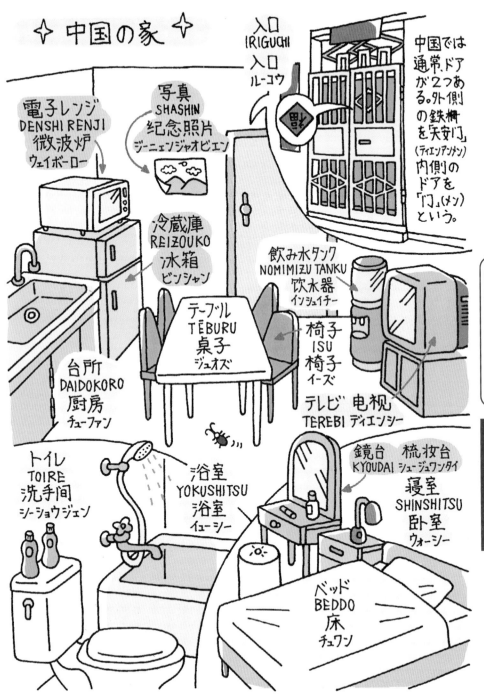

✧ 中国の家 ✧

入口
IRIGUCHI
入口
ルーコウ

中国では通常、ドアが2つある。外側の鉄柵を「天安門」（ティエンアンメン）内側のドアを「门」（メン）という。

電子レンジ
DENSHI RENJI
微波炉
ウェイボーロー

写真
SHASHIN
紀念照片
ジーニェンジャオビエン

冷蔵庫
REIZOUKO
冰箱
ビンシャン

飲み水タンク
NOMIMIZU TANKU
饮水器
インシュイチー

テーブル
TEBURU
桌子
ジュオズ

椅子
ISU
椅子
イーズ

台所
DAIDOKORO
厨房
チューファン

テレビ 电视
TEREBI ディエンシー

トイレ
TOIRE
洗手间
シーショウジェン

浴室
YOKUSHITSU
浴室
イューシー

鏡台 梳妆台
KYOUDAI シュージュワンタイ

寝室
SHINSHITSU
卧室
ウォーシー

ベッド
BEDDO
床
チュワン

家族に会いたい

結婚〜別れ

77

結婚しよう
KEKKON SHIYOU

我们结婚吧
ウォーメン ジェフン バ

ぼくには君が必要だ
BOKU NI WA KIMI GA HITSUYOU DA

我需要你
ウォー シューヤオニー

結婚しよう

一緒に 暮らそう
ISSHO NI KURASOU

我们一起 生活吧
ウォーメン イーチー シェンフオ バ

結婚～別れ

本当に？ うれしい
HONTOUNI URESHII

真的吗。我很高兴
ジェンダマ ウォーヘン ガオシン

ちょっと待って
CHOTTO MATTE

等一会儿
ダン イーホアー

少し考えさせて
SUKOSHI KANGAE SASETE

让我考虑一下
ランウォー カオリュー イーシャー

ぼくは若くないけど
BOKU WA WAKAKU NAI KEDO

我不是年轻, 不过
ウォー ブーシーニエンチンブークオ

お金持ちじゃない
OKANEMOCHI JANAI

我不是有钱人
ウォー ブーシーヨウチェンレン

78

気にしないで
KI NI SHINAIDE

不要介意
ブーヤオ ジエイー

関係ありません
KANKEI ARIMASEN

没关系
メイ グアンシー

幸せよ
SHIAWASE YO

我 幸福
ウォー シンフ

浮気しないでね
UWAKI SHINAI DE NE

別愛其他人
ビエ アイ チー ターレン

わかった
WAKATTA

明白了
ミンバイラ

誓う
CHIKAU

发誓
ファーシー

中国人との結婚

　異なる文化の壁を越えて、結婚するというのは、素晴らしいもの。その壁など、お互いが愛し合っていれば問題ない。とはいっても、壁が意外と高いのも事実。

　中国人女性は共働きが当然と考えているため、専業主婦といった概念は希薄だ（最近は、日本でも普通かもしれないが……）。さらに上海出身の女性などは、男性が料理をつくるものと考えているフシさえある。

　中国では結婚しても、夫婦別姓だ。子どもの姓は父方、母方のどちらでもいいが、一般的に父方の姓を名乗っている例が大半である。夫婦間では、愛称かお互いの下の名前で呼び合うのが普通だ。

　結婚するには、本人同士だけではなく、家族の問題も避けては通れない。たとえば、女性の親戚全員が男性の経済力を頼ってくるなんてこともある。さらに30代の女性であれば、その両親は60代。日本軍のイメージも強いため、「日本に行かないでくれ」なんて、娘に泣きつくことも。両親を説得する歴史・文化の知識も必須かもしれない。

〔小林〕ですが、〔王紅さん〕はいますか？
〔KOBAYASHI〕DESUGA 〔WAN HON SAN〕WA IMASUKA

我是〔小林〕.〔王紅〕在吗？
ウォーシー〔コバヤシ〕 〔ワンホン〕ザイマ

いません
IMASEN

不在
ブーザイ

はい、ちょっと待って
HAI CHOTTO MATTE

请等一下
チンダンイーシャー

いつ帰ってきますか？
ITSU KAETTE KIMASUKA

什么时候回来？
シェンマ シーホウ ホエライ

また電話します
MATA DENWA SHIMASU

我再打电话
ウォーザイダー ディエンホア

電話があったことを伝えてください
DENWA GA ATTA KOTO WO TSUTAETE KUDASAI

请转告一下,我的电话
チンジュワンガオ イーシャー ウォーダ ディエンホア

(コレクトコールで)電話が欲しいと伝えてください
(KOREKUTO KŌRU DE) DENWA GA HOSHII TO TSUTAETE KUDASAI

请转告一下,(用受话人付费电话)给我打电话
チンジュワンガオイーシャー(ヨンショウファーレンフーフェイディエンホア)ゲイウォーダ ディエンホア

中国では、携帯電話がものすごい勢いで普及している。加入者はすでに、2億人を超えている。家の固定電話は使わず、携帯電話がメーンになりつつある。

これには中国の家庭事情もあるようだ。中国は小さな家に大人数の家族が住み、個人のプライバシーというものが、それほどなかった。そこで、自分だけの「通信ツール」である携帯電話が急激な勢いで増加しているというわけ。携帯電話も中国系・外資系企業問わず、新機種を続々と発売している。新機種を女性にプレゼントしたりすれば、喜ばれるだろう。

メールについては、多くの人が複数のアドレスを所有している。しかしこれは少なくなる傾向にあるようだ。従来、中国では大手ポータルサイトが無料のメールアドレスを提供してきた。最近はこれが有料化しつつあるため、複数持っていたメールアドレスを減らそうとしているのである。

最近では携帯電話でのメールのやりとりが増えてきた。もともと、話好きの中国人である。電話、メールなど手段は変わっても、「知人と連絡をとる」といった性癖は変わるはずもない。

中国への国際電話料金も非常に安くなっている。1分16円ぐらいのサービスは多い。インターネットで「格安国際電話」と検索すれば、数多くのサービスを見つけられるので、そちらを利用するといい。

日本に住んでいる中国人の彼女が一時帰省するときは、中国でプリペイドの携帯電話を買ってもらうほうが便利。日本の携帯電話を中国で使う場合、着信で1分につき180円（X社）かかるが、中国で買っていれば1元（15円）以下ですむ。

遠距離恋愛では、電話が唯一のつながりになるので、長時間話したい気持ちもわかるが、相手にしてみれば、受けた電話も課金されていくから、あまりの長電話は嫌われるだろう。親や兄弟など家族に聞かれるというデメリットはあるが、相手の家の固定電話にかければ、相手は安上がりですむ。一般家庭への電話の普及率は、50%以上だ。

現在、1分5円などといったIP電話も、その価格の安さを武器に攻勢に出ている。これは仕事ではあまり勧められないが、彼女との電話では威力を発揮する。なんといっても時間をあまり気にしなくてすむ。しかし、中国ではIP電話は途切れがちなので、盛り上がっているところに水を注され、イライラすることがあるかもしれない。

通信方法として盛り上がっているのが、「チャット」である。「チャット」とは、パソコン通信でのおしゃべりや雑談のこと。使うソフトは、ICQまたはマイクロソフトの「MSNメッセンジャー」が一般的だ。仲よくなると、「ICQの番号を教えて」などと聞かれることも。チャットならば、インターネット接続料のみなので、国際電話代はかからず、相手とコミュニケーションがとれる。

scene_4 結婚〜別れ

ひさしぶり。元気？
HISASHIBURI GENKI

好久不見．你好吗？
ハオ ジゥブージェン ニーハオマ

ええ元気です。あなたは？
EE GENKIDESU ANATA WA

很好．你呢？
ヘンハオ ニーナ

← 答えは「我也很好
で OK。ウォーイエヘンハオ」

いつも何をしているの？
ITSUMO NANI WO SHITEIRU NO

你经常做什么？
ニー ジンチャン ヅゥオ シェンマ

何もしていません
NANIMO SHITE IMASEN

没做什么
メイ ヅゥオ シェンマ

家にいるだけ
IE NI IRU DAKE

只是在家
ジーシーザイジャー

日本で働いていた中国人女性が帰国している
場合、なぜかこう答える人が多い。

あなたは浮気をしていない？
ANATA WA UWAKI WO SHITE INAI

你外遇了吗？
ニー ワイイゥーラマ

してないよ
SHITE NAI YO

不是
ブーシー

親しくなれば、呼び方も自然に
変わる。たとえば「安田」という名前
の場合「ヤスダさん」という日本読み
から、「アンテン」と中国読みになる。
親密度の1つの目安になるだろう。

国際電話で……

結婚〜別れ

82

いつも君のことを考えているよ
ITSUMO KIMI NO KOTO WO KANGAETE IRU YO

我天天想你
ウォーティエンティエンシャンニー

君は?
KIMI WA

你呢?
ニーナ

私も
WATASHI MO

我也是
ウォーイエシー

今度いつ中国に来るの?
KONDO ITSU CHUUGOKU NI KURUNO

你下次什么时候来中国?
ニー シャーツー シェンマ シーホウ ライ ジョングゥオ

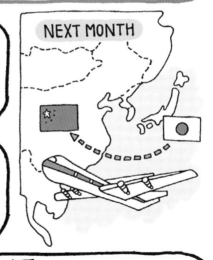

NEXT MONTH

結婚〜別れ

来月かな
RAIGETSU KANA

下个月
シャーガユエ

じゃあ、また
JAA MATA

再见
ザイ ジェン

体に気をつけて
KARADA NI KI WO TSUKETE

请多保重
チンドゥオ バオジョン

← 電話を切るとき
は「再见」でOK.

83

元気ではありません
GENKI DEWA ARIMASEN

我 不好
ウォー プー ハオ

どうしたの？
DOUSHITA NO

怎么了？
ゼンマ ラ

問題があります
MONDAI GA ARIMASU

有 问题
ヨウ ウェンティ

何？
NANI

什么？
シェンマ

〔お父さん〕が病気になりました
〔OTOUSAN〕GA BYOUKI NI NARIMASHITA

〔父亲〕得病了
〔フーチン〕ダー ビンラ

これ以外の
家族の呼び方
はP9を参照

〔お兄さん〕が事故にあいました
〔ONIISAN〕GA JIKO NI AI MASHITA

〔哥哥〕遇到事故了
〔ガーガ〕イゥー ダオ シーグーラ

なんの病気？
NANNO BYOUKI

什么 病？
シェンマ ビン

早くよくなるといいね
HAYAKU YOKU NARUTO II NE

我希望 你身体 变好
ウォー シーワン ニー シェンティ ビェンハオ

カゼ KAZE 感冒 ガンマオ	肺炎 HAI-EN 肺炎 フェイイェン	高血圧 KOUKETSUATSU 高血圧 ガオシュエヤー	食中毒 SHOKUCHUUDOKU 食物中毒 シーウーチョンドゥー
赤痢 SEKIRI 赤痢 シーリー	肝炎 KANEN 肝炎 ガンイェン	コレラ KORERA 霍乱 フォルゥワン	癌 GAN 癌 アイ

お金を送ってください
OKANE WO OKUTTE KUDASAI
请送钱
チン ソン チェン

いくら?
IKURA
多少钱
ドゥオシャオ チェン

5万円
GO-MAN EN
五万円
ウーワンユエン

結婚〜別れ

いいよ
II YO
行
シン

だめだよ
DAME DA YO
不行
ブーシン

悪いけど、いまはお金がないんだ
WARUI KEDO IMA WA OKANE GA NAIN DA
対不起．現在我没有钱
ドゥイブチー　シェンザイ ウォーメイヨウ チェン

君とはもう終わりにしたいんだ
KIMI TOWA MOU OWARI NI SHITAI N DA

我想分手
ウォー シャン フェン ショウ

どうして？
DOUSHITE

为什么？
ウェイ シェンマ

君が欲しいのはお金だけでしょ
KIMI GA HOSHII NO WA OKANE DAKE DESHO

你要的只是钱
ニー ヤオ ダ ジー シー チェン

ほかに好きな人がいるでしょ
HOKA NI SUKINA HITO GA IRU DESHO

你有其他喜欢的人
ニー ヨウ チーター シーファン ダ レン

違うよ
CHIGAUYO

不是
ブー シー

いないよ
INAIYO

没有
メイ ヨウ

本当に好きなのは、あなただけ
HONTOU NI SUKI NANO WA　ANATA DAKE

我真喜欢只是你
ウォー ジェン シーファン ジー シー ニー

信じられない
SHINJI RARENAI

不相信
ブー シャン シン

ほかに好きな人ができた
HOKA NI SUKI NA HITO GA DEKITA

我有其他喜欢的人
ウォーヨウ チーター シーファンダ レン

浮気しないって 言ったでしょ
UWAKI SHINAITTE ITTA DESHO

你说了不外遇的吗?
ニー シュオラ ブーワイイウー ダマ

ごめんね
GOMEN NE

对不起
ドゥイブチー

しかたないんだ
SHIKATA NAINDA

没办法
メイバンファー

考え 直して
KANGAE NAOSHITE

请再考虑
チンザイカオリュー

HUM…

わかった。考える
WAKATTA KANGAERU

明白. 考虑一下
ミンバイ カオリュー イーシャー

もうダメだよ
MOU DAME DAYO

不行
ブーシン

中国人との結婚生活

中国人と日本人の結婚は、実際にはかなり多い。上海だけに限っていえば、国際結婚の相手として、最も人気が高いのは日本人。そのあとに米国、オーストラリア、カナダと続く（香港、台湾は除く）。

しかし、言葉や文化の違いからか、離婚が多いのも事実。日本人男性・中国人女性夫婦の離婚率は、30％（97年）にもなるという調査結果もあるぐらいだ。

そこで離婚に至らないように、中国人の結婚生活の常識を理解しておきたい。

①妻が炊事・洗濯をするとは限らない

中国では、ほとんどの夫婦が共働きである。よって専業主婦という感覚は、ほとんどない。だから、もともとが男性も女性も家事は半々という感覚を持っている。

外食をすることも多い。朝食は近くの食堂や屋台などでお粥、ラーメン、揚げパンなどを食べる。日本人の感覚では、「朝食から外食かよ……」と思うだろう。さらに上海では、朝食から男性が料理をつくることも多い。しかもかなりうまい。

日本で両親と同居することになっても、母親が朝食をつくり、中国人の嫁さんはつくらないということが起こるかもしれない。しかしそれは中国人の妻にしてみれば、ごく当たり前のこと。嫁さんの肩身が狭くならないよう、男性があいだに入らなければならない。しかも、日本へ来たばかりの嫁さんだ

と、日本の友人も少ないはずだ。そのへんのケアも、男性の仕事となる。

②夜の飲み会はほどほどに

日本人男性は仕事が終わると、ちょっと飲んでから帰宅ということが多い。仕事仲間などと、すぐ飲みに行ってしまう。

中国では、夕食を家族みんなで食べるのが常識。飲んで帰りが遅いと、そのうち浮気してるかもと変な疑問を抱かせてしまう危険がある。

そういうときは、電話を利用しよう。綿密な連絡、「ほうれんそう（報告・連絡・相談）」が不可欠である。

③スキンシップ

「くすぐったがり屋だと、いい夫になれないよ」

筆者は、中国の美容院の小姐に言われたことである。なんか、スキンシップがとても重要らしい。筆者が上海で在籍していた会社は日系ではなく、社員の90％が中国人で、社内結婚も何組かあった。どうりで、腕を組んで出勤・退勤が多いと思った。一度、同僚に「彼らははずかしくないのか？」と聞いたことがあるが、「へ？　何で？　カナイもあまりじろじろ見るなよ。日本人はすぐ何でも珍しがるからなあ。写真なんか撮らねえだろうな？」などと言われたことがある。

人の目を気にしすぎる日本人と、楽しめればいいと考える中国人。この根本的感覚の違いを忘れないように。

別れる

結婚〜別れ

単語&
便利な表現

正しいフレーズがしゃべれなくても、単語だけで思いは通じるもの。
ここでは使用頻度が高い単語と、使い勝手のいい表現をまとめてみた。
文法なんか覚えていられない！　という人は、
このコーナーを丸暗記してみよう！

☆ だれが/だれは(主語になる単語＝人称代名詞など)☆

○ 人称代名詞

私 WATASHI	あなた ANATA	彼(彼女) KARE(KANOJO)
我 ウォー	你 ニー	他(她) ター　ター

※「あなた」你の敬称は、您(ニン)

私たち WATASHITACHI	あなたたち ANATATACHI	彼ら(彼女ら) KARERA(KANOJORA)
我们 ウォーメン	你们 ニーメン	他们(她们) ターメン　ターメン

※「私たち」我们の、聞き手を含む場合は、咱们(ザンメン)

○ 指示代名詞

これ KORE	それ SORE	あれ ARE
这 ジェー	它(那) ター　ナー	那 ナー

これら KORERA	それら SORERA	
这些 ジェーシエ	那些 ナーシエ	

○ 人の名前

グレース GURESU	グレース、彼女たちは〜 GRESU KANOJO TACHI WA
格雷丝(←中国名で) ガーレイス	格雷丝，她们] ガーレイス　ターメン

※「グレースたち」とは、あまり言わない。

○ ふつうの名詞

その女性 SONO JOSEI
那个小姐　・　那个女性 ナー ガ シャオジエ　　ナー ガ ニュイシン

※名詞は
94ページを
参照

☆いつ☆

さっき SAKKI	いま IMA	あとで ATODE
剛才 ガンツァイ	現在 シェンツァイ	以后 イーホウ
きのう KINOU	今日 KYOU	明日 ASHITA
昨天 ズオティエン	今天 ジンティエン	明天 ミンティエン

先週 SEN SHUU	今週 KON SHUU	来週 RAI SHUU
上个星期 シャンガシンチー	这个星期 ジェーガシンチー	下个星期 シャーガシンチー
先月 SEN GETSU	今月 KONGETSU	来月 RAIGETSU
上个月 シャンガユエ	这个月 ジェーガユエ	下个月 シャーガユエ
去年 KYONEN	今年 KOTOSHI	来年 RAINEN
去年 チューニェン	今年 ジンニエン	明年 ミンニエン
2日前 HUTSUKAMAE	2日後 HUTSUKAGO	※ 数字については、10ページを参照 ✧ ✧
两天前 リャンティエンチェン	两天后 リャンティエンホウ	

☆量詞(一本书(一冊の本)「数詞+量詞+名詞」の語順)☆

広く一般に	書籍など 日本語の「冊」	紙など 日本語の「枚」	小動物や虫
个 が	本 ベン	张 ジャン	只 ジー
衣服や事柄	大型動物	車など乗り物	手紙など
件 ジェン	头 トウ	辆 リャアン	封 フォン

量詞

単語&便利な表現

☆どうした/どうだ(述語になる単語＝動詞、形容詞など)☆

会う AU 见面 ジェンミィエン	別れる WAKARERU 分手 フェンショウ	話す HANASU 说话 シュオホア	聞く KIKU 听 ティン	行く IKU 去 チュイ
来る KURU 来 ライ	※1)帰る KAERU 回去(回来) ホエチュイ・ホエライ	読む YOMU 读 ドゥー	書く KAKU 写 シエ	見る MIRU 看 カン
乗る NORU 上 シャン	降りる(乗り物) ORIRU 下 シャー	昇る NOBORU 上 シャン	降りる(階段) ORIRU 下 シャー	休む YASUMU 休息 シィウシ
起きる OKIRU 起 チー	寝る NERU 睡觉 シュイジャオ	できる DEKIRU 可以做 カーイーズオ	食べる TABERU 吃 チー	飲む NOMU 喝 ハー
買う KAU 买 マイ	売る URU 卖 マイ	貸す KASU 借给 ジェゲイ	借りる KARIRU 借 ジエ	借りる(お金) KARIRU 借钱 ジエチェン
使う TSUKAU 用 ヨン	なくす NAKUSU 丢失 ディウシー	盗る TORU 偷 トウ	盗られる TORARERU 被偷 ベイトウ	電話する DENWASURU 打电话 ダーディエンホア
※2 注文する CHUUMONSURU 订做(订购) ディエンズオ・ディンゴウ	選ぶ ERABU 选 シュエン	壊す KOWASU 弄坏 ノンホワイ	壊れる KOWARERU 坏掉 ホワイディャオ	おどす ODOSU 威胁 ウェイシェ

述語

単語＆便利な表現

※1. 回去は、自分から去るとき。「今日は、オレ、帰る」など。
　　回来は、人が自分のところに帰って来るとき。「彼が帰って来る」など。
※2. 物を買うとき。
※3. レストランでメニューを注文するとき。
※4. ホテルに泊まるとき。
※5. 船が港に泊まるとき。

始まる HAJIMARU 开始 カイシー	終わる OWARU 结束 ジェシュウ	止まる TOMARU 停 ティン	※3 注文する CHUUMONSURU 点菜 ディエンツァイ	考える KANGAERU 考虑 カオリュー
思う OMOU 想 シャン	知る SHIRU 知道 ジーダオ	わかる WAKARU 明白 ミンバイ	笑う WARAU 笑 シャオ	泣く NAKU 哭 ウー
怒る OKORU 生气 シャンチー	愛する AISURU 爱 アイ	※4 泊まる TOMARU 住饭店 ジューファンディエン	嫉妬する SHITTOSURU 嫉妒 ジードゥ	ある ARU 有 ヨウ
ない NAI 没有 メイヨウ	好き SUKI 喜欢 シーホワン	嫌い KIRAI 不喜欢 ブー シーホワン or	はずかしい HAZUKASHII 不好意思 ブーハオイース	(値段)高い TAKAI 贵 グイ
安い YASUI 便宜 ピエンイー	(背)高い TAKAI 高 ガオ	讨厌 タオイェン	低い HIKUI 低 ディー	※5 泊まる TOMARU 停泊 ティンボー
簡単 KANTAN 简单 ジェンダン	むずかしい MUZUKASHII 难 ナン	豊か YUTAKA 富裕 フーユー	貧しい MAZUSHII 穷 チオン	速い HAYAI 快 クワイ
おそい OSOI 慢 マン	早い HAYAI 早 ザオ	ゆっくり YUKKURI 慢 マン	美しい UTSUKUSHII 美丽 メイリー	みにくい MINIKUI 难看 ナンカン

述　語

☆否定形は「不」、「没」をつける！☆

○「彼は来る」は、「他来（ターライ）」。

○「彼は来ない」は、「他不来（ターブーライ）」。

○「彼は来ていない」は、「他 没来（ターメイライ）」。

※「不」は習慣、意志の否定の場合に用い、「没」は事実の否定に用いる。また形容詞の否定にはすべて「不」を使う。

単語＆便利な表現

☆ 名詞（旅行やデートで 使いそうなものを中心に…）☆

タバコ TABAKO 香烟 シャンイェン	ライター RAITĀ 打火机 ダーフォージー	灰皿 HAIZARA 烟灰碟 イェンホエディエ	サイフ SAIHU 钱包 チェンパオ
お金 OKANE 钱 チェン	クレジットカード KUREJITTOKĀDO 信用卡 シンヨンカー	パスポート PASUPŌTO 护照 フージャオ	ビザ BIZA 签证 チェンジャン
航空チケット KOUKUU-CHIKETTO 机票 ジーピャオ	ホテル HOTERU 饭店 ファンディエン	ガイド GAIDO 向导 シャンダオ	客引き KYAKUHIKI 揽客 ランカー
スリ SURI 扒手 パーショウ	強盗 GOUTOU 强盗 チャンダオ	泥棒 DOROBOU 小偷 シャオトウ	警察 KEISATSU 警察 ジンチャー
※1 ヤクザ YAKUZA 黑社会 ヘイシャーホエ	カメラ KAMERA 照相机 ジャオシャンジー	フィルム FIRUMU 胶卷 ジャオジュエン	電池 DENCHI 电池 ディエンチー
地図 CHIZU 地图 ディートゥー	ノート NŌTO 笔记本 ビージーベン	紙 KAMI 纸 ジー	ペン PEN 笔 ビー
腕時計 UDEDOKEI 手表 ショウビアオ	目覚まし時計 MEZAMASHIDOKEI 闹钟 ナオジョン	本 HON 书 シュー	雑誌 ZASSHI 杂志 サジー
電話 DENWA 电话 ディエンホア	携帯電話 KEITAI DENWA 手机 ショウジー	家 IE 家 ジアー	建物 TATEMONO 建筑物 ジェンチューウー

※ そのほかの名詞については、
119ページから133ページの辞書を参照

～階 ～KAI ～楼 ロウ	タクシー TAKUSHĪ 出租汽车 チューズチーチャー	バス BASU 巴士 or 公共汽车 バーシ ゴンゴンチーチャー	クルマ KURUMA 汽车 チーチャー
市場 ICHIBA 市場 シーチャン	デパート DEPĀTO 百货商店 バイフオシャンディエン	花 HANA 花 ホア	お菓子 OKASHI 点心 ディエンシン
お土産 OMIYAGE 土产 or 礼物 トゥーチャン リーウー	ビール BĪRU 啤酒 ピージウ	ウィスキー UISUKĪ 威士忌 ウェイシージー	酒 SAKE 酒 ジウ
女性 JOSEI 女性 ニューシン	男性 DANSEI 男性 ナンシン	お店 OMISE 店 ディエン	※2 バー・クラブ BĀ KURABU 酒吧 ジウ バ

※1、不务正业的人（ブーウージャンイエダレン）ともいう。
※2、「キャバレー」は、夜总会（イエゾンホエ）。

☆「私のカノジョ」「彼女の家」（所有表現は、どう言うの?）☆
○人称代名詞の所有表現

私の WATASHINO 我的 ウォーダ	あなたの ANATA NO 你的 ニーダ	彼（彼女）の KARE(KANOJO)NO 他（她）的 ター（ター）ダ
私たちの WATASHITACHI NO 我们的 ウォーメンダ	あなたたちの ANATATACHI NO 你们的 ニーメンダ	彼ら（彼女ら）の KARERA(KANOJORA)NO 他们（她们）的 ターメン（ターメン）ダ

たとえば…

私のカノジョ WATASHI NO KANOJO 我的 女朋友 ウォーダ ニューポンヨウ	彼女の家 KANOJO NO IE 她的家 ターダ ジャー

単語&便利な表現

単語＆便利な表現

☆質問できなきゃはじまらない！疑問文のつくり方☆

何？ NANI 什么？ シェンマ	これは何？ KORE WA NANI 这是什么？ ジェーシー シェンマ	※1 名前は何？ NAMAE WA NANI 你叫什么名字？ ニー ジャオ シェンマ ミンズ

いつ？ ITSU 什么时候 シェンマシーホウ	いつ出発しますか？ ITSU SHUPPATSU SHIMASUKA 什么时候出发 シェンマ シーホウ チューファー

どこ？ DOKO 哪里 ナーリ	どこにいますか？ DOKONI IMASUKA 你在哪里？ ニー ザイ ナーリ	いくら？ IKURA 多少钱？ ドゥオシャオチエン	これ、いくら？ KOREIKURA 这个多少钱？ ジェーガドゥオシャオチエン

いくつ？ IKUTSU 你今年多大了？ ニージンニイエンドゥオダーラ	子どもは何人いますか？ KODOMO WA NANNIN IMASUKA 你有几个孩子？ ニーヨウ ジーガ ハイズ

※2 どうして？(理由) DOUSHITE 为什么？ ウェイシェンマ	彼女はどうして彼に電話したの？ KANOJO WA DOUSHITE KARE NI DENWASHITANO 她为什么给他打电话了？ ター ウェイシェンマ ゲイター ダ ディエンホアラ

※2 どうして？(理由) DOUSHITE 怎么？ ゼンマ	(今日は出勤日なのに) 彼女はどうして店に来ないの？ KANOJO WA DOUSHITE MISE NI KONAINO 她怎么不来店？ ター ゼンマ ブーライデン

※1、你叫什么名字？は一般的な聞きかた。丁寧に聞くときは
　　您贵姓(ニングイシン)を使う。

※2、为什么は、客観的に理由を聞くとき、怎么は、意外な
　　状態のときに、または ネガティブな理由を聞くときに使う。

疑問文

単語＆便利な表現

96

○ そのほか‥‥

どれ? DORE 哪个? ナーガ	どうやって? DOUYATTE 怎么? ゼンマ	どれくらい? DOREKURAI 多少? ドゥオシャオ	どこに? DOKONI 哪里? ナーリ	どうしよう? DOUSHIYOU 怎么办? ゼンマバン

○ 文をつくらずに疑問詞だけでもOK!

ふつうの文を疑問形にするには‥‥吗を入れるだけ!

她有男朋友 ⬇ 她有男朋友吗?	(ターヨウナンポンヨウ) ⬇ (ターヨウナンポンヨウマ)	彼女は恋人がいる ⬇ 彼女は恋人がいますか?
她很漂亮 ⬇ 她漂亮吗?	(ターヘンピャオリャン) ⬇ (ター ピャオリャンマ)	彼女はきれいだ ⬇ 彼女はきれいですか?

☆その他の便利な表現☆

～できる ～DEKIRU 可以 カーイー	タバコを吸ってもいい? TABAKO WO SUTTE MO II 我可以抽烟吗? ウォーカーイー チョウイエンマ
～したい ～SHITAI 想 シャン	君にキスしたい KIMI NI KISU SHITAI 我想吻你 ウォー シャン ウェンニー
～が欲しい ～GA HOSHII 要 ヤオ	彼女が欲しい KANOJO GA HOSHII 我要她 ウォーヤオ ター
～したらダメ ～SHITARA DAME 別 ビエ	浮気しないで UWAKI SHINAIDE 別外遇 ビエワイユー

単語&便利な表現

中国の流行語とタブーの言葉

中国語のコミュニケーションがとれてきたら、中国人がよく使う言葉を会話の端々に入れていくと、相手との距離も近くなるだろう。

中国人がよく使う言葉を、筆者の経験から選ばせてもらうと、「没問題（メイウェンティ）」（問題なし）と「不錯（ブーツオ）」（素晴らしい）と「好！（ハオ）」（いいねえ！）があげられる。「没問題」には、けっこう困った経験がある。仕事上、問題が噴出しているのに、涼しい顔して「没問題」である。順調度30％であれば、問題なしなのである。

「不錯」「好！」は、わりと好きな口癖か。あまりパッとしなくても、「素晴らしい、いいねえ！」である。私が中国で仕事をし始めたころは、会う人、会う人が、「中国語うまいねえ！　不錯、好！」とか言うので、その気になっていたら、少し仲よくなった中国人の同僚に、「おまえの中国語、会議じゃ、じれったくなるんだよな」と言われる始末。この口癖は社交辞令的な要素が強いことも覚えておこう。しかし、何でも肯定的にとらえるところは、好感度100％だ。

さらに時事的な言葉、流行している言葉も会話に盛り込むといいだろう。

中国にも流行語大賞がある。正式名称は「中国新聞十大流行語」。2002年は、1位「十六大」（中国共産党第16回全国代表大会）、2位「世界杯」（ワールドカップ）、3位「短信」（携帯電話のショートメール）、4位「降息」（利下げ）、5位「三個代表」（江沢民主席提唱の3つの代表論）、6位「反恐」（反テロリズム）、7位「数字影像」（デジタル映像）、8位「姚明」（プロバスケットボール選手の名前）、9位「車市」（自動車市場）、10位「CDMA」（携帯電話通信方式のひとつ）となった。

選出方法は、中国国内の主要新聞15紙（人民日報、中国青年報、北京晩報、新民晩報、羊城晩報など）に、2002年1月1日から同12月25日までに掲載された単語をコンピューターで分析、使用頻度が高い30語を選んだあと、市民が選ぶという方法である。

ただし、これは正統派。庶民派では、「気管炎」（恐い奥さん）、「毛片」（裏ビデオ）、「打八刀」（離婚）、「紅眼病」（嫉妬）、「黄昏恋」（高齢者の恋愛）、「小蜜」（愛人）など。日本人からすれば、中国人女性はみんな性格が激しく見えるので「気管炎」となってしまいそうだ。

逆にタブーの言葉、いわゆる使ってはいけない言葉が、「真他妈的好吃！」。

これは私がホントに失敗した言葉である。知人の家に呼ばれたとき、お母さんが料理をつくってくれたので、「あなたのお母さんの料理は、本当においしいね！」という意味で使ったところ、すごくイヤな顔をされた。ホントの意味は、"FUCK YOU!" だったというのだから笑えない話だ。

中国語を学習するうえで、タブー表現や外国人が間違いやすい表現などは、早めに知っておいたほうがいい。

読んで
わかった気になる
中国語文法

中国語でカタコトの会話ができるようになると、
「もっと話せたら……」という欲が出てくるもの。
というわけで、ここでちょっとお勉強してみよう。
本格的な解説は専門書に任せて、
このコーナーではさわりだけを紹介する。
気軽に読むだけで、わかった気になってもらえれば、それで十分だ。

中国語の基本の基本

「中国語」の標準語は、「北京語」?

「中国語」とは日本人の言い方であり、中国国内では「漢語」(ハンイュー)か「中文」(ジョンウェン)と表現する。また日本では、中国の標準語を「北京語」だと思っている方も多いだろうが、これも本当は正しくない。標準語は「普通話」(プートンホア)と呼び、東北地方の発音を基礎とする人工的につくられた言語である。日本人が標準語のつもりで使っている「北京語」は、本当は「北京訛り」であり、ちゃきちゃきの北京人が話す普通話は巻き舌を多用するので、非常に聞きづらい。特に北京でタクシーに乗ったときは要注意。運転手さんの強烈な北京語は、ほとんど聞き取れないからだ。

　中国には「標準語」以外にも、数多くの言語が存在する。広東語、上海語などなど。これらは発音がまったく異なるので、ほとんど外国語のようなものである。

　たとえば、「私は日本人です」を、それぞれの方言でいうと次のようになる。

《北京語》　我是日本人　[ウォー　シー　リーベンレン]
《上海語》　我是日本人　[ゴー　ズー　ザッベンニン]
《広東語》　我係日本人　[ゴ　ハイ　ヤットプーンヤン]

　日常会話でさえ、これほど違う。一般的に北京人は広東語を理解できないし、広東人は上海語を理解できない。ただ、高齢者やある一部の人を除けば、ほとんどの中国人は普通話が話せるので、普通話さえマスターしていれば、中国全土で困ることはない。もちろん、方言のきつい地方では、ヒアリング

に困ることはあるが、こちらの意思を伝達する面では問題はないだろう。

　では、どの地方の人の話す普通話が、一番教科書通りなのだろうか。個人的な経験で言えば、ハルピンや長春といった中国東北部の女性と上海の女性が、きれいな標準語の発音で聞き取りやすい。

中国語の基礎 ①　「ピン音」
ピン音さえわかれば、辞書もネットも自由自在

　ピン音は中国語の読みを表記するもので、アルファベットによって成り立っている。たとえば、「日本人（リーベンレン）」は「ri ben ren」、「中国（ジョングゥオ）」は「zhong guo」である。これは1958年に制定され、子どもや地方の人々、外国人の初期中国語教育に利用されている。中国では小学1年生の国語の授業でも、まずこのピン音から学ぶ。

　中国語を勉強するうえでは、ピン音とそれに沿った発音をマスターすることが必須である。私が中国で中国語を学習し始めたときなど、最初の1カ月半は、ずっとピン音と発音の訓練ばかりだった。しかし、実際に中国語を使うときには、これが生きてくるのである。ピン音の詳細については、ほかの中国語の参考書に掲載されているので、ここでは省略する。

　ではなぜ、ピン音が必須なのか。

●理由1
　中国語辞書は、このピン音を基礎として編纂している。日本語辞書を使うときは、「あ、か、さ、た、な……」で調べるが、中国語辞書は「a、b、c、d、e……」とアルファベットで調べる。また中国人と話しているときに、わからない単語が出てもピン音で表記しておけば、あとで辞書で確認できる。たとえば「中国」と相手が言ったが、わからない場合「zhong guo」と書いておけば、あとでそれを辞書をひいて、意味を理解できる。中国語を覚えるためには、ピン音は必要不可欠なのだ。

●理由2
　パソコンで中国語を入力する場合、ピン音による入力が主流。日本語のロ

ーマ字入力と考えるとわかりやすいだろう。中国語には、日本語の「ひらがな」や「カタカナ」に相当する文字がなく、漢字のみなので、ピン音による入力しかないといっても過言ではない。

　現在はインターネットで、さまざまな情報が検索できる。中国関連情報も中国語の検索エンジンから簡単に入手できる。また出会い系サイトはいま、中国で大流行している。日本とは異なり、非常に健全で、異性の友人を探すのに近道だが、ピン音が使えなければ、話にならないだろう。

中国語の基礎 ②　　「四声」
大げさな抑揚で、十分相手に伝わる

　中国には、「四声」という外国人にとっては、非常に面倒な決まりがある。簡単にいえば、「中国語の音節の4種類の上がり下がり」である。困るのは、同じ音節でもそれが違うとまったく違う言葉になる。

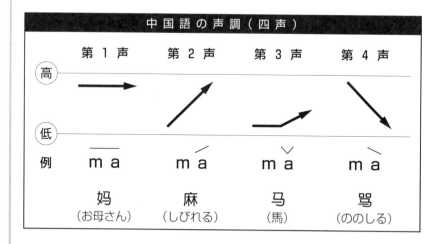

　といっても、そんなに眉間にシワを寄せて、考え込むことでもない。一般的に日本人は、こういった基礎や決まりを重視しすぎる感がある。しかし、だいたいで通じてしまうことも多いのだ。よく、「第3声の発音が上手にできない」などと聞くが、うまくできなければ、思いっきり下げて発音し、末端

も上げなければいいのである。そもそも、筆者の中国人の友人は、「あれは2声だったっけ？　あ、3声かも。まあ、どっちでもいいよ」なんて言うことが多い。慣れないときは思い切り、少し大げさに抑揚をつければいい。

「普通話」は四声だが、上海語が5つ、広東語は9つの声調を持つ。またベトナム語には6つ、タイ語にも5つの声調がある。これらと比べると、「普通話」はなんてラクなことか。

中国語の基礎 ③　「語順」
名詞も、動詞も変化しないから超簡単

　中国語で非常に重要なのが語順である。中国語には日本語のような助詞はないので、単語を並べる順番で文の意味を決定することになる。日本語とは順番が異なるので、最初はよく言い間違えることが多い。

　たとえば、「何食べる？」。正解は「吃（食べる）什么（何）？」であるが、日本語の単語の順番だと「什么吃？」となる。これでは中国人にとって、何を言っているのかわからない。

　中国語は基本的には**主語＋述語＋目的語**で成り立っている。
例）我喝啤酒.　　　　　　私はビールを飲みます。

　これに場所と時間を入れるときは、**主語＋時間＋場所＋述語＋目的語**となる。時間は主語の前でもOK。
例）我晚上在酒吧唱歌.　　私は夜、バー（スナック）で歌を歌います。

　疑問文の基礎は文末に、「吗」をつけること。
例）你来我家吗？　　　　私の家に来る？

　また疑問詞をつけるときは、**主語＋述語＋疑問詞**となる。平叙文の目的語の位置に疑問詞を入れればOK。
例）你去哪里？　　　　　あなたはどこへ行きますか？

否定文の基礎は述語の前に、「**不**」をつける。

例）我不去　　　　　　私は行かない。

　　你不胖　　　　　　あなたは太ってはいない。

　　私不忙　　　　　　私は忙しくない。

また述語の前に、「**没**」をつける場合もある。

例）她没来　　　　　　彼女はまだ来ていない。

経験を表現する場合は述語の後に、「**过**」をつける。

例）我去过　　　　　　私は行ったことがある。

上記の否定形は述語の前に、「**没**」をつける。

例）我没去过　　　　　私は行ったことがない。

　語順の基本はこれだけだ。名詞には単数・複数、男性名詞・女性名詞・中性名詞、主格・目的格・所有格といった変化はなく、動詞も時制や人称によって変化することはない。英語でいう「過去形」「過去完了形」「現在進行形」などといった変化を持たないのだ。とても簡単なだけに、語順の基本はしっかり覚えておきたい。

「多听多説、進歩快」
たくさん聞いてたくさん話せば、進歩が速い

　中国語を勉強し始めたとき、私が中国人の先生にさんざん言われた言葉が「多听多説、進歩快」である。とにかくある程度、文法や発音に慣れてきたら、積極的に話すことを教えられた。言語学習の目的はコミュニケーションを円滑にすることであり、試験で得点を取ることではない。

　ちなみに中国人が日本語学習をするとき、日本人とは比べものにならないほど、会話に積極的に挑戦する。たとえば日本語がある程度話せる人同士であれば、日本語で延々と会話する。中国によくある「○○広場」には、外国語を勉強する中国人が自然と集まり、その外国語で討論をする光景にときど

き出会う。中国語が話せる日本人同士では、中国語で延々と会話するのは、ちょっとはずかしいといった感覚があるかもしれない。ところが語学学習にはこの「はずかしさ」が大きな障害となる。

　また、生活しているうえで何でも積極的に中国語で表現しようとすることだ。おそらくほとんどの場合、「何て言うんだろう？」と言葉が詰まってしまうことになるが、そこで、あとで辞書を調べて暗記するのである。教科書を隅々まで暗記するよりは、実践的で生活上使えるものとなるはずだ。

中国語マスターの一番の近道は、「恋愛をする」

　語学上達においては、恋愛が何といっても一番。異性と交流したいといった人間の本能と、語学力向上意欲がリンクするのである。恋愛に至らないまでも、スナックやクラブなどで中国人女性を中国語で笑わせたり、デートの約束をしようとしたり……。できれば日本語の話せない女性のほうがこちら側の中国語の上達は早くなる。何と言っても相手が話せないから、こちらが話さないとしようがない。美人であれば美人であるほど学習に熱が入る。そうすると人間不思議なもので、こういうシチュエーションのときは何て言おうか？　こう聞かれたらどう答えようか？　こういう言い方は失礼でないだろうか？　などと真剣にシミュレーションを行ない、自然と実用的な学習方法になるのである。

　発音、ピン音、語順、単語をある程度覚えたら、街へ繰り出し、積極的に遊び、中国人と会話し、恋愛したい。そして、常にシミュレーションを行ないたい。部屋で参考書片手に中国語試験の高得点を目指すだけでは、実用的な中国語は身に付かないし、おもしろいことではない。「話す」「聞く」「読む」「書く」「理解する」ために、言葉は存在するのだから。

漢字に頼りすぎるのは考えもの
日本語と中国語では意味が違う

　同じ「漢字」という文字を使用しているため、親しみやすく、また通じなくても、書いた文字を見せれば、ある程度のコミュニケーションはとれる。しかし、日本語と中国語の漢字の意味が違うものもあるので、注意しよう。

　たとえば、お湯が欲しい場合、中国人に「湯」と書いた文字を見せると、スープが出てくる。ほかにも、以下のような違いがある。

中国語	日本語
汽車	自動車
手紙	トイレットペーパー
先生	～さん（男性）
走	歩く
去	行く
聞	嗅ぐ
用意	意図・考え
告訴	告げる
麻雀	すずめ
愛人	妻（夫）
留守	（家に）いる

恋愛お悩み
相談室

日本人同士でも恋愛についての悩み、トラブルは起きるもの。
それが外国人とならなおさらである。言葉、文化、環境などの違いから、
さまざまな衝突が起こるが、それは当然のことだ。
それ以上の愛さえあれば、きっと乗り越えられる。
ここでは中国人との「出会い」から「つきあい方」まで、
経験者の再現レポートをもとに検証していく。
参考にしてほしい。

1 中国人と出会う

　まずどこで、どうやって中国人と出会うかである。ひと言で言えば、「チャンスはどこにでも転がっている」。ここでは「中国で出会う」と「日本で出会う」に分けて考えてみよう。

1 中国で出会う

　中国国内で、中国人とどうやって出会うか。中国駐在、長期出張、留学などなら、そのチャンスは無限大。中国で生活しているのだから、当然のことだ。また、短期出張や観光などの短期滞在でも、出会うチャンスはある。

　ただ、長期にしろ短期にしろ、日本人同士で固まってしまうと、せっかくの中国人との出会いの確率が激減してしまうので注意しよう。

　それでは、どこで出会うか一つひとつ検証してみよう。

● オフィスラブは万国共通

　いわゆる社内恋愛である。1日8時間以上を、一緒の空間ですごしているのだ。異国の日本から来て、中国社会に溶け込もうと必死になり、仕事で中国中を駆け回っているとき、現地女性が知らない街のことなどを土産話に聞かせたりしたら、女性のほうからあなたに近づいてくるかもしれない。そして、上昇志向が高く、聡明な彼女たちを見て、あなたも惹かれてしまうかもしれない。

　日本語を勉強して間もない彼女たちが、つたない日本語で一生懸命話し、あなたに中国の状況を説明しようとしたりすれば、思わず抱きしめたくなってしまうかもしれない（ホントにやったら裁判になるかもしれないので、要注意）。

　いずれにしろ、勤務先は最も身近な出会いの場である。

　ところが、ここで注意しなければならないのが、現地女性社員の方々の企業間・産業間を超えた、横のネットワークである。再現シーンで、解説しよう。

◎再現シーン

中国人女性同士の横のネットワークに要注意

　私が勤務しているF社の会議室。最近の化粧品店舗状況を把握するため、調査のアルバイトをしてくれている高さんに来社してもらい、ヒアリングしていた。

　「ねえねえねえカナイさん、そういえば、私の友だち、A社の総経理

（社長）の人とつきあっていて、この前腕時計買ってもらったんだって。いいわよねえ」

思いついたようにしゃべりまくる。

「あ、そう。で、明日、仕事で行ってもらいたいお店なんだけど……」

「でも、そういうの多いらしいんだって。私の大学時代の同級生、○○っていうんだけど、日本人御用達のクラブでバイトしているんだけど、そこによく来るB社の部長のCさんとつきあっていて、マンションの家賃、半分出してもらってるんだってさ。どう思う？」

どう思う？ってあんた……。

若い中国人女性は、非常に情報通である。彼女たちは、大学の日本語学科時代の同級生や就職活動中に知り合った友人と、今でも情報交換している。単におしゃべり好きなのだろうが、それにしてもこちらがびっくりするくらい、内情をよく知っているのである。

● イベント・コンパニオンを狙え

販売市場としての中国市場も活気を帯び、あらゆる分野で中国系企業・外資系企業入り乱れた過剰競争時代に突入した感がある。

中国の人々に対して販売しようとする

のだから、見本市・展示会・店頭プロモーション・イベント・PR業務などは、自然に増えてくる。そして、これらイベントにはコンパニオンが来る。ここで新たな出会いがあるのだ。

◎再現シーン

コンパニオンは積極的!?

上海某イベント会場のB社ブース。担当の松本氏がコンパニオンを相手に、最終チェックを行なっている。

「ねえねえねえ、あの担当者のマツモトさん、劉徳華に似ていない？」

コンパニオン陳さん（化粧バッチリ、目もぱっちりの長身上海美人）が切り出す。

「え～、ヘアスタイルだけじゃない？」

「あんた、どこ見てんのよ。目なんかそっくりじゃない。ねえ、カナイさんもそう思うでしょ？　マツモトさん、いつまで上海にいるの？　1カ月くらいいるのかしら？　ねえ、カナイさん、ちょっと聞いてみてよ」

……自分で聞いてくれ。

30分後、松本さんがニヤついてやってくる。

「金井さんさあ、コンパニオンの陳

さん、明後日の朝、ホテルに迎えに行くからデートしようだってさ」

　……陳さん、もう聞いたんかい。

　これは珍しい例である。しかし、コンパニオンの女性たちは、けっこうチェックしているのである。短期出張だからといって、服装なども気を抜いていてはダメ。せっかくのチャンスを逃してしまうことだろう。

● 手っ取り早くすませるなら、日本人御用達クラブ

　中国国内には、数多くの日本式クラブがある。日本式クラブというのは、日本のクラブ・スナックとほぼ同じシステムで営業しているお店のこと。

　店名は「順子」「マユミ」「花水木」など、日本っぽいところが多い。そしてママさんや経営者は、日本のスナックで働いた経験があったりする。

　そこで働く小姐（ホステスさん）には、地方出身者が多い。もちろん大都市のお店であれば、大都市の小姐もいるのだが、その数は少ない。北京であれば、東北や華北地方の小姐が多いし、上海であれば江蘇省や安徽省など華東周辺の小姐が多い。また、広州であれば、湖南省や貴州省の小姐などもいる。

　こういったお店で出会っても……、な

どと思う方がいるかもしれないが、それがけっこう普通の女性と出会えるのである。なんてったって、お店に入りたてでプロ化していない地方出身者の小姐は、まったく普通の感覚を持った女性たちなのである。最初は店員とお客といった関係かもしれないが、ひょっとしたら、ひょっとするのである。

◎再現シーン

お店ではしゃべりまくって、相手を楽しませろ

　敏腕の関西系ビジネスマンの三村さんは、スナックめぐりが大好きである。筆者もときどき誘われる。そして、この三村さん、本当に女性にモテるのである。

　店に入ると、小姐が2人席につく。

「こんにちは。はじめまして」

「お〜、女優かと思ったがな。なあ、金井さん。いつも男を泣かしとるん、ちゃうの？」

　小姐が明らかに、びびっている。

「なんやの、そんな顔して。楽しく楽しく。で、何て名前？　どこ出身？　あ、あそこは○○有名だよね。趣味は何？　それなら、あそこで4元で遊べるわ。×■△●※▼□♪〜……」

しゃべりまくる三村さん、ホントにいろいろなことを知っている。そして、2回ほどお店に通ったあと、三村さんは小姐とのデートに成功している。同伴とかアフターなどではない。お店とは関係なしの普通の男女としてのデートである。

さらに、この三村さん、いまの奥さんとも、このようにして知り合ったのである。双方、なんとなくデートしていたのが、本気になり、結婚に至ったそうだ。いまは5歳の子どもがいる。家族がありながら、いろいろな人とデートするのもいかがなものかと思うものの、モテるのだから仕方がない。

● 禁断の先生と教え子!? 家庭教師の恋のレッスン

中国で働きながら中国語を勉強するには、家庭教師に頼るのが一番効率いい。理由は時間が自由になるのと、自分に合わせたスピードで学べる点だ。さらに、これが男女の出会いになることがある。

総経理（＝社長・52歳）と女医（39歳）、董事長（＝会長・47歳）と女子大生（22歳）、留学生（25歳）と女子大生（21歳）、係長（29歳）と女教師（47歳）、日本語教師（40歳）と元看護婦（32歳）などの組み合わせは、ほんの一例。生徒が男性だと、異性の教師（いわゆる女教師）を選ぶことが多い。

家庭教師はだいたい1週間に1〜2回、1回2〜4時間というのが代表的。場所は自宅だったり、外の喫茶店だったりする。また街を実際に歩いたり、一緒に遊びながらという方法を選択している人もいる。

教師側はこれについて、どう思っているのだろうか。ある人はお金のため、仕事として割り切って外出につきあう方もいるだろう。しかし、中には、「いろいろと楽しい場所に行ける」「おいしいものが食べられる」などという理由で、心から楽しんで家庭教師をやっている人もいる。

生徒と先生から男女の関係に進展するのは、もちろん後者の場合だ。ここでは、教師である女性側のニーズを把握したうえで、「勉強場所」を選択していく演出が必要となる。

前述の総経理（52歳）と女医（39歳）のケースだが、私は「俺の先生が餃子をつくってくれるから……」と総経理の家へ招かれたことがある。そのとき、バスタオルを巻いた女医がバスルームから出てくるのを見て、ぶったまげたものだ。

では、家庭教師をどこで見つければいいか。いまは、非常に多くの方法がある。一番多いのは、知り合いの紹介。その次には雑誌やwebサイト、そして大学校内である。また都市によっては、街中で「家教」と書いた紙を持った若者が立っていることがある。この人たちが、家庭教

師希望者である。

　条件はすべて交渉して決める。相場は1時間10～50元。

　ただし、学生の家庭教師の場合には、男女の関係になることは期待できない。彼らは大学の本科生（共通試験を通過して、入学してきたエリート）である。非常に真面目で、家庭教師は生活のための仕事である場合が多いからだ。

● ナンパするなら、やっぱりクラブ（ディスコ）でしょ!?

　ナンパの一番の候補地は、クラブ（いわゆるディスコ）や生バンドの入っているバーである。上海や北京などの大都市なら、クラブやバーはたくさんある。上海であれば、新天地、ROJAM、陽陽、現代生活広場、ハードロックカフェなど。北京であれば、三里屯、JJ、海華城KISS、ハードロックカフェなど。もちろん、そのほかにもたくさんある。

　ただし注意したいことがある。ここには、援助交際目当ての女性が多い点だ。

　彼女たちの行動はこうだ。まず、「1人ですか？」と近寄ってくる。この時点で十分怪しいのであるが、自分もハイになっているため、「そう、さびしい独り者です」なんて余計なことを言ってしまうのである。で、彼女は「じゃあ、座っておしゃべりでもしない？」と誘ってくる。こ

こで座って、おしゃべりを始めると、料金が計算され始める、というわけである。いいかげんおしゃべりに飽きて、「今日はありがとう。また会えるといいね」などと言って立ち上がると、「ちょっと待って～ん。チップはくれないのぉ？」と請求されるのだ。

　さあ、このあとの回答で、その人の中国ビジネスを占うことができる。

　まず、「わかったよ、いくらだい？　え、300元？　1時間で300元は高いなあ～」と言いながら渡してしまう人は、今後も中国市場で騙され続けるだろう。一般的に日本人は優しいから、このパターンが多い。

　「え？　300元？　なんだよお、高いよお。100元にしようよ」と言いながら値切る人は、なんだかんだいっても、しぶといビジネスマンである（香港・台湾人に多いかも）。

　「何が、チップじゃボケ！」とか、「あんたに払うチップは一切ねえ！」と強い口調で明確に断る人は、周囲が敵だらけになるものの、ひょっとしたら大成功する人かもしれない（このパターンは欧米人に多い）。

　彼女たちは基本的に個人で行動しており、バックに怖いおじさんがいることはないから、断固とした態度をとっても別に問題はない。

● 出会いのチャンスは星の数ほど……。
その他のナンパスポット

　中国の美容院はカットだけでなく、シャンプー＆ヘッドマッサージなど、素晴らしいサービスがたくさんある。いわゆる「洗頭（シートウ）」である。45分くらいかけて頭を洗い、頭部＆上半身マッサージをするのだ。これで、20〜40元。非常に素晴らしい。

　そして何回か通ううちに、働いている女性と仲よくなることがある。多くは地方出身者であるが、美女も多い。まず気に入った女性がいたら、頻繁に通うことだ。すると、向こうから話しかけてくる。彼女たちは基本的に休日はほとんどないが、時間は自由に使えることが多い。お客さんが少ないときは、「店外デート」ができることもある。

　最近の中国では、出会い系サイトが大流行している。大手ポータルサイトの「新浪網」「捜狐」「網易」などでは会員数が急増している。そして、ポータルサイト企業の業績を上げたのも、出会い系サイトのサービスといわれている。

　出会い系といっても、日本の出会い系専門サイトのようなエッチなイメージはない。明るく、みんなが写真を掲載し、自分をPRしている。一部には売春の巣窟になっているという声もあるようだが、実際のところはわからない。

　以前、上海の同僚が私のプロフィールとメールアドレスを勝手に掲載し、非常に多くのメールが来てびっくりしたことがある。

　そのほか、繁華街や観光スポット、スターバックスなどのカフェもナンパスポットと指摘する向きもあるが、実際、そこでナンパしようとすると、短時間の勝負になるので、大変な勇気とガッツが必要である。

　最近、北京の郊外・万里の長城方面に温泉ができたが、ここなら長い時間を男女ですごせるため、新たな出会いの場所となるのではないかと密かに期待している。

● イチかバチか！　中国の過剰サービス店

　中国の「過剰サービス店」、日本風にいえば、風俗にあたる（ただし法律上、中国には風俗店などあってはいけないので、ここでは「過剰サービス店」としておく）が、ここにも出会いのチャンスはある。出会いというより、超々短期の恋愛というか、その場だけの恋愛というか……。ただし、十分注意が必要だ。

　まずはサウナ。普通に入浴している分には、あまり関係ない。最近は浴槽やシャワーなどもきれいになり、スチームサウナも気持ちいい。アカスリ（30〜50元）や

耳掻き（30〜50元）、手足の爪切り（30〜50元）、足裏マッサージ（80〜150元）などは最高だ（いずれも20〜50元のチップが必要）。アメリカ資本の素っ気ないサウナに比べたら、天国である。

だが、マッサージコーナーからは、ちょっと怪しくなってくる。

基本的には45分のワンセットで、80〜150元（そのほか、チップが80〜150元と、チップは一般的に高い）。45分で普通のマッサージが受けられるが、ほとんど100％「延長する？」と聞いてくる。ここで、普通のマッサージが延長されるわけではない。延長されるのは、特別なマッサージである。

携帯電話とホテルのコネを利用し、個人で宿泊している男性を狙い撃ちして、電話をかけてくる無店舗過剰サービス店もある。彼女たちは基本的に個人で行動している。

朝早い時間帯（7時など）や遅い時間帯（22時以降など）に「友だちを探しているのお」とか、「さびしくない？」とか、「マッサージいらない？」などという電話がかかってきたら、過剰サービス店である。朝7時にかけてきて「さびしくない？」というのも迷惑な話だが、冗談でも「俺も友だちを探しているんだよお」とか、「ああ、とてもさびしいなあ」とか言ってはいけない。美人局の可能性も十

分あるからだ。

② 日本で出会う

現在は日本国内でも、中国人と出会う機会は多い。勤務先、交流会、アルバイト先などなど。非常に多岐にわたる。また、数多くの中国系クラブ・スナックがある。そこで出会うこともあるだろう。

特に一般企業で働いているホワイトカラーは、超エリートと考えられる。専門知識、語学おまけに母国中国で鍛えられた交渉力（たぶん彼女たちには自然のことだろうが）。そして向学心があるから、よく質問をする。そこで、幅広い回答ができて初めて、こちらが相手の視野に入る。

中国系クラブ・スナックで出会う場合、愛想が悪くても怒ってはいけない。たとえば中国の地方都市に行けば、「『歓迎光臨（いらっしゃいませ）』を言うのがとてもはずかしい」というホステスもいる。そんな地方都市からいきなり日本へ来たとすれば、愛想がよくないのも当然のこと。

また、気に入ったお客とそうでないお客への対応の差が激しかったり、サービスを忘れておしゃべりに夢中になったり、フィリピンパブではありえないことが、中国系のお店では起こる。しかし、これも中国文化と思えば楽しい。

2 口説く&つきあう

口説き方も、つきあい方も人それぞれ
だし、それほど日中間で違いがあるとも
思えない。筆者はよく、中国人との恋愛
方法のノウハウを質問されるが、そうい
った「中国人とは」などと一般化できる
ことは少ないのではないだろうか。

要は、個人個人の工夫。そこで、筆者
の身近な男性諸君3人に登場してもらい、
どのように中国人女性とつきあうように
なったかを、再現してみよう。

① 中国に興味があることを はっきり示せ

男性　中沢君（27歳）
上海市内の大学に留学中
女性　李さん（21歳）
上海市内の大学の日本語学科1年生
2001年夏
上海・筆者が働いているF社内

「カナイさん、日本人はエッチなことが好
きなんですね？」
「へ？」
「実は私、日本人と相互学習をしていま
す。週2回、2時間です。ところが相手に

今度、映画に行こうって誘われました」

李さんは安徽省出身で、上海に来てま
だ1年も経っていない。ちょっと長めのポ
ニーテールで、縁ナシ眼鏡をかけた小柄
な女性。いつもアルバイトをしてもらって
いる。

「李さん、映画とエッチなことがつながっ
ちゃったね？」
「だって、映画に行って、もし何かあった
ら……」
「は？　何かって、キスされちゃうとか？」
「……」
「李さんは、その人が嫌いなの？」
「いえ、いい人です」
「どんなところがいい人なの？」
「一生懸命勉強しています。中国語も上
手だし。真面目そうだし」
「ああ、真面目なんだ」
「相互学習していても、よく質問してきま
す。中国語のことだけでなく、中国の習
慣や歴史のこととか。よく質問するとい
うのは、とても興味を持っているってこと
ですよね？　それに私の質問にも、とて
も丁寧に答えてくれます」
「じゃあ、映画に行っても別にいいんじゃ
ない？　真面目な人なんだから」
「ん～……」

かわいい！　実にかわいいのだ。って、
10歳以上も年齢の離れた私が感動してて
も、仕方がないのだが、この李さん、確

実に中沢君に好意を持っている。何にこの李さんが惹かれているかというと、中沢君が李さんの母国・中国に興味を持って、熱心に知ろうとしていること、ムッツリでなく、よく話すこと、といった点らしい。それと、質問できるだけの知識を持っていることも大きい。

一般的に中国人はプライドが高いといわれている。みな、愛国心を持っている。わざとらしく中国を褒めたり、幼稚な知識で質問していては、この李さんも、中沢氏には興味を持たなかっただろう。「口説く」とはいえないが、好きな女性のプライドを持っている部分に興味を持ち、知ろうとしている姿は、恋愛には数十倍の効果があるだろう。

② プレゼントは高価なもののほうがいい？

男性　鎌田氏（35歳）
メーカーA社。ちょっとカッコいい、上海駐在3年目のビジネスマン
女性　趙さん（33歳）
米国系広告代理店勤務
2001年冬　上海・某日系ラーメン店
「金井さん、金井さん。なんか片言の日本語で一生懸命話す女性って、こう、男

心をくすぐるっていうかな、いいよねえ、そう思うでしょ？　ねえ、聞いてる？　なんか、こう守ってあげたくなるっていうかな、ねえ〜」

あんたに守られてもなあとも思うが、この鎌田氏、知人との合コンで知り合った趙さんにひと目惚れのようだ。まだ、デートしたことはない。今度、杭州に一緒に行こうと誘うらしい。

……5日後。
「金井さん、まいったよ。最初から遠出もまずいと思って、趙さんと食事したんだよ。あ、仕事の相談ってことにしたんだけどね。それで、花と化粧品のプレゼント持ってったらさあ、受け取らないんだよ。それで1時間くらい食事して、明日も早いからなどと言って、帰っちゃったんだよねえ」

「あんたねえ、仕事の相談のつもりで来て、花と高価な化粧品が出てきたんじゃ、相手も引くでしょ」

実は筆者も2回目のデートで、CDウォークマンをプレゼントした経験を持つ。ところが、その後何の進展もなく、プレゼントが庶民的すぎたのかと考えまくった。友人の中国人男性T曰く、「あ、それね。ただ君に興味がなかっただけだよ。ウォークマンもったいなかったねえ」などと言われ、大嫌いな香草を食いまくったことがある。

中国人女性は、仕事関連で知り合った人などから、あまり高価なプレゼントをもらうと、何か頼まれごとをされるんじゃないかと心配するらしい。

再度友人のT曰く、「お互いをよく知るという過程を省いちゃダメね。たとえば、喫茶店なんか見てみなよ。カップル多いけど、彼ら延々とおしゃべりしてるでしょ？ 最初はああやって、男性が何を考え、どういった性格だということを、知ろうとしてるんだと思うよ。ちなみに喫茶店は40元も出せば、3時間はいられるね。日本人はすぐ、お金を使おうとするから」

……さらに1週間後。

鎌田氏は食事の際、趙さんにこの前のプレゼントのことを話したそうだ。彼女が言うには、「私のことをよく知らないうちに高価なプレゼントをくれて、もし私が気に入らないものだったら、どうするんですか？」とのこと。要は、もったないということらしい。

そこで、この鎌田氏。スーツをプレゼントした。高価なものではなかったらしいが、キャリア志向の趙さんの一番の悩みは、ファッション・化粧だからだそうだ。

クライアントの窓口になって、自分がキャリアウーマンとして、外資系企業の社員としてふさわしいかを考えている趙さん。

確かに高価なものは喜ばれるが、それはお互いに仲よくなって、好みがわかってからのこと。中国人の知人などに、「30代の女性だったら、何がいいかなあ」なんて相談しているうちは、ダメらしい。

それは結局、彼女の好みがわかっていないことであり、せっかくの高価なプレゼントも、ムダになる確率60%だそうだ。ん～、60%とは、また微妙な。

③ 恋愛は楽しいもの。ハイになりましょ

男性　ケン君（28歳）
欧州系メーカーJ社勤務の北欧人。北京在住歴4年
女性　鄭さん（29歳）
中国系旅行代理店勤務
2000年春　北京

「もしも～し、カナイさ～ん。ケンでーす。今、ダイジョブ？　ダイジョブあるね？」

北欧人のケン氏、やたらと陽気である。しかも語学は堪能。母国語、英語、ドイツ語、中国語、日本語が話せる。日本語は、苦手らしいが、「ダイジョブあるね」などといった中国人風日本語まで話す。

「あのね、僕ね、彼女できました～。ハルピンの人ね。背が高いよ。モデルと同

じね。明日、一緒にご飯食べましょ。ハニーも一緒に行くね」

彼にとって好きになった子は片っ端からハニーだから、どの子がどのハニーなのかわからなくなる。

……北京朝陽区の火鍋屋さん。

「カナイさん、久しぶりねえ。元気？　ハニーはできた？　紹介、紹介。彼女が僕の彼女の鄭さんです。とてもスィートね、大好きです」

ハニーとかスィートとか、なんかホットケーキでも前にしている気持ちになるが、ケンはいたって普通に話している。そして、彼のすごいところは人前で、彼女のことをべた褒め、好きと言いまくること。

「ケン、いつからつきあってんの？」

「それが、なんと先月から。それまではずーっと愛してました」

中国語と日本語のちゃんぽんで話すから、文脈がわからなくなることがある。

「鄭さん、ケンのどこがよかったの？」

「え～、あまりよくわからないんですよ。まあ、飽きないところかもしれません。喫茶店なんか行くと、ずーっとしゃべっていますよ。ときどき、中国語が聞き取れないことがありますが。でも、中国人も話好きですからね。慣れていますよ」

「いつも、あんなふうにハニーとか言ってるの？」

「ええ、いつも。でもなんか、映画みたいですよね？」

鄭さん曰く、ケンは最初からかなり積極的だったそうだ。とにかく自分の好きなこと、趣味で攻めてきたらしい。ボーリング、ビリヤードは週に3回は誘い、毎週末はハードロックカフェやクラブ、さらに自分の家でパーティーしようと誘いまくったらしい。

とにかく人を呼んで何かをするのが好きで、そういった場所にも彼女をよく連れて行き、友人・知人に紹介してくれたという。

鄭さんにしても、いろいろな国の人間と会えて、いろいろな習慣・文化の話ができて、というのは楽しいらしい。好きとか、ハニーとか言われることが、はずかしくて仕方がないとは言っているけれど、案外まんざらでもないかも。

口説き方やつきあい方はいろいろあって、「中国人女性に対してはこう」などというものはないし、実際はみなさん、自分なりの個性を出しているようだ。

みなさんもがんばって、ぜひ「恋愛」をしよう。

「会話で使える」日本語−中国語辞書

大人の男女の会話に使える単語を中心に、日本語→中国語、
800語以上を収録しました。

※動詞については不定形（92㌻参照）で掲載しています。9㌻～98㌻のイラストページにある
単語（青い枠）も参照してください。

日本語→中国語

(ス)はスラング

日本語	中国語	中国語読み
あ		
愛	爱	アイ
愛きょう	可爱	カーアイ
あいさつ	问候	ウェンホウ
愛人 (ス)	情人	チンレン
愛する	爱	アイ
相手	伙伴	フオバン
愛撫 (ス)	爱抚	アイフー
あいまいな	暧昧	アイメイ
会う	见面	ジェンミィエン
合う	相合	シャンハー
あえぐ (ス)	喘	チュワン
明かり	灯光	ダングゥワン
明るい (光)	明亮	ミンリャン
明るい (性格)	快活	クワイフオ
赤ん坊	小宝宝	シャオバオバオ
明らかな	显然	シェンラン
あきらめる	死心	スーシン
飽きる	饱	バオ
握手する	握手	ウォーショウ
アクション	动作，演技	ドンズオ、イェンジー
アクセサリー	装饰品	ジュワンシーピン
あくびをする	打呵欠	ダーハーチェン
開ける	打开	ダーカイ
上げる	提高	ティーガオ
あげる (与える)	给	ゲイ
あご	下巴	シャーバ
憧れる	渴望	カーワン
あごひげ	下巴上的胡须	
		シャーバシャンダフーシュー
朝	早上	ザオチェン
浅い	浅	チェン
朝ごはん	早饭	ザオファン
あざむく	欺骗	チーチェン
足	脚	ジャオ
味	味道	ウェイダオ
足首	脚脖子	ジャオヴォーズ
足の裏	足底	ズーディー
味わう	尝	チャン
預ける	寄存	ジーツン
汗	汗	ハン
焦る	着急	ジャオジー
アソコ (ス)	那里	ナーリ
遊ぶ	玩	ワン
あたたかい	暖和	ヌワンフオ
頭がいい	聪明	ツォンミン
頭が悪い	笨蛋	ベンダン
新しい	新	シン
当たり前	当然	ダンラン
当たる	碰	パン
あちこち	到处	ダオチュー
暑い・熱い	热	ラー
集まる	聚集	ジュージー
あどけない	天真	ティエンジェン
あとで	以后	イーホウ
あとを追う	追踪	ジュイゾン
穴	孔	コン
あなた	你	ニー
あなたたち	你们	ニーメン
穴場	好地方	ハオディーファン
アナル (ス)	肛门	ガンメン
兄	哥哥	ガーガ
姉	姐姐	ジエジエ
あの	那个	ネーガ
アパート	公寓	ゴンユー
危ない	危险	ウェイシェン
あぶる	烤	カオ
あふれる	溢出	イーチュー
甘い	甜	ティエン
甘える	撒娇	サージャオ
アマチュア	外行	ワイハン
甘やかす	娇养	ジャオヤン

雨	雨	イユー	行く	去	チュイ
飴	糖	タン	いくつ	几个	ジーガ
怪しい	可疑	カーイー	いくら	多少	ドゥオシャオ
謝る	道歉	ダオチェン	居心地のいい	感觉好	ガンジュエハオ
荒い	粗野	ツーイエ	いじめる	欺负	チーフ
洗う（皿）	洗（盘子）	シー（パンズ）	医者	医生	イーシャン
洗う（洗濯）	洗衣服	シーイーフ	慰謝料	赔款	ペイクワン
洗う（髪）	洗头	シートウ	異常な	异常	イーチャン
嵐	风暴	フェンバオ	いじる（ス）	玩弄	ワンノン
争う	争	ジャン	意地悪な	心眼坏	シンイェンホワイ
改める	改	ガイ	イス	椅子	イーズ
ありがとう	谢谢	シエシエ	忙しい	忙	マン
ある	有	ヨウ	痛い（神経的に）	难受	ナンショウ
歩く	走	ゾウ	痛い（外傷で）	痛（外伤）	トン（ワイシャン）
アルバイト	打工	ダーゴン	いたずら	恶作剧	アーズオジュー
あれ	那个	ネーガ	炒める	炒	チャオ
あれら	那些	ネーシエ	市場	市场	シーチャン
憐れみ	可怜	カーリェン	いつ	什么时候	シェンマシーホウ
アンコール	再演	ザイイェン	一生	一辈子	イーベイズ
安心する	放心	ファンシン	一生懸命	拼命	ピンミン
安静にする	安静	アンジン	一緒に	一起	イーチー
安全な	安全	アンチュエン	いつでも	经常	ジンチャン
案内する	向导	シャンダオ	いっぱい	满	マン
			一方通行	单行道	ダンシンダオ
			糸	线	シェン

い

胃	胃	ウェイ	いなか	农村	ノンツン
いいえ	不	ブー	犬	狗	ゴウ
いいよ（肯定）	好的（肯定）		居眠りする	打盹儿	ダートゥワー
		ハオダ（カンディン）	命	生命	シェンミン
言い訳	辩解	ビェンジエ	祈る	祈祷	チーダオ
言う	说	シュオ	違反	违反	ウェイハン
家	家	ジャー	いびきをかく	打呼噜	ダーフール
～以外	～以外	～イーワイ	いま	现在	シェンザイ
（ごきげん）いかが	你好吗?	ニーハオマ	意味	意义	イーイー
いかさまの	欺骗	チーチェン	イヤ!	不	ブー
息	呼吸	フーシー	癒す	治疗	ジーリャオ
息切れする	喘不过气		嫌になる	变得讨厌	ビェンダタオイェン
		チュワンブーグオチーフォ	いやらしい	讨厌	タオイェン
生きる	活	フオ	イヤリング	耳环	アーホワン

イライラする	着急	ジャオジー
入口	入口	ルーコウ
刺青	文身	ウェンシェン
入れ歯	假牙	ジャーヤー
色	颜色	イェンスー
いろいろな	各种各样	ガージョンガーヤン
祝う	祝福	ジューフー
陰険な	阴险	インシェン
印象	印象	インシャン
インチキの	欺骗	チーチェン
インポテンツ(ス)		
	阳痿	ヤンウェイ
陰毛	阴毛	インマオ
淫乱(ス)	淫乱	インルワン

う

初々しい	新鲜	シンシェン
ウインク	秋波	チウボー
上	上面	シャンミェン
ウエイトレス(ター)		
	服务员	フーウーユエン
うがいをする	漱口	シューコウ
動く	动	ドン
失う	失掉	シーディヤオ
後ろ	后面	ホウミェン
うそ	谎言	ホワンイェン
うそつき	撒谎	サーファン
うそをつく	撒谎	サーファン
歌	歌	ガー
歌う	唱	チャン
疑う	怀疑	ホワイイー
打たれる	被打	ベイダー
打ち明ける	说出实话	
		シュオチューシーホア
内気な	懦怯	ヌオチエ
打つ	打	ダー
美しい	美丽	メイリー
移り気な	见异思迁	
		ジェンイースーチェン

うなじ	脖颈儿	ボーガール
うなずく	点头	デントウ
うまい!(味)	好吃!(味)	ハオチー(ウェイ)
うまい!(技)	厉害!(技能)	リーハイ(ジーナン)
生まれる	出生	チューシャン
海	海	ハイ
産む	生	シャン
裏切る	背叛	ベイパン
占う	占卜	ジャンブー
恨む	恨	ハン
売る	卖	マイ
うるさい!	讨厌!	タオイェン
うれしい	高兴	ガオシン
浮気する	外遇	ワイユィー
浮気者	见异思迁者	
		ジェンイースーチェンジャー
噂	传言	チュワンイェン
噂好き	传言迷	チュワンイェンミー
運	运气	ウィンチー
ウンコ(ス)	大便	ダービェン
うんざりする	厌烦	イェンファン

え

絵	画儿	ホア
エアコン	空调	コンディアオ
永遠に	永远	ヨンユエン
映画	电影	ディエンイン
映画館	电影院	ディエンインユエン
営業時間	营业时间	インイエシージェン
エイズ	艾滋病	アイズビン
笑顔	笑脸	シャオリエン
駅	火车站	フオチャージャン
エッチ(ス)	色乱	スールワン
エネルギー	能量	ナンリャン
選ぶ	选	シュエン
援助する	援助	ユエンジュー
演奏する	演奏	イェンゾウ
延長する	延长	ヤンチャン
遠慮する	客气	カーチ

お

おいしい	好吃	ハオチー
追う	追	ジュイ
多い	多	ドゥオ
大柄な	身体大	シェンティーダー
大きい	大	ダー
お金	钱	チェン
オカマ	两性人	リャンシンレン
起きる(起床)	起床	チーチュアン
起きる(事件)	发生	ファーシャン
送る	送	ソン
贈る	赠送	ザンソン
遅れる	迟到	チーダオ
怒る	发怒	ファーヌー
惜しい	可惜	カーシー
教える	教	ジャオ
お世辞	恭维	ゴンウェイ
落ちる	降落	ジャンルオ
夫	丈夫	ジャンフ
おつり	找钱	ジャオチェン
音	声音	シェンイン
男	男人	ナンレン
大人	大人	ダーレン
おとなしい	老实	ラオシー
おどる	跳舞	ティヤオウー
驚く	惊叹	ジンタン
同じ	同样	トンヤン
オナニー	手淫	ショウイン
オナベ	两性人	リャンシンレン
おなら	屁	ピー
覚える	记住	ジージュー
重い	重	ジョン
思い出	回忆	ホエイー
思いやりのある	关怀	グワンホワイ
思う	想	シャン
おもしろい(おかしい)		
	有意思	ヨウイース
おもしろい(興味深い)		
	有趣	ヨウチュー

親	父母	フームー
終わる	结束	ジエシュー
女	女人	ニューレン
女たらし	玩弄女性的男人	
	ワンノンニューシンダナンレン	

か

蚊	蚊子	ウェンズ
海外	海外	ハイワイ
快感	快感	クワイガン
解決する	解决	ジィエジュエ
外出する	外出	ワイチュー
甲斐性のある	有志气	ヨウジーチー
海水浴	海水浴	ハイシュイユー
階段	楼梯	ロウティー
快適な	舒适	シューフ
買い物	买东西	マイドンシ
買い物をする	买东西	マイドンシ
戒律	戒律	ジエリュー
会話	会话	ホエホワー
飼う	养	ヤン
買う	买	マイ
返す	还	ホワン
帰る	回去	ホエチュイ
香り	香味	シャンウェイ
鏡	镜子	ジンズ
鍵	钥匙	ヤオシ
書く	写	シエ
隠れる	隐藏	インツアン
過去	过去	グオチュイ
傘	雨伞	イューサン
家事	家务	ジャーウー
火事	失火	シーフオ
風	风	フォン
カゼ(病気)	感冒(病)	ガンマオ(ビン)
家族	家族	ジャーズー
かたい	硬	イン
勝つ	胜	シャン
がっかりする	失望	シーワン

蚊取り線香	蚊香	ウェンシャン	気が狂う	发疯	ファーフン
悲しい	悲伤	ベイシャン	気がつく	注意到	ジューイーダオ
必ず	一定	イーディン	聞く	听	ティン
かなり	相当	シャンダン	危険	危险	ウェイシエン
金	钱	チェン	帰国	回国	ホエグオ
金持ち	有钱人	ヨウチェンレン	既婚	已婚	イーフン
金持ちになる	成为有钱人		キス	接吻	チンウェン
		チャンウェイヨウチェンレン	キスする	接吻	チンウェン
彼女	她	ター	季節	季节	チージエ
下半身	下半身	シャーバンシン	汚い	脏	ザン
我慢する	忍耐	レンナイ	きちんと	准确	ジュンチュエ
我慢強い	耐心	ナイシン	きのう	昨天	ズオティエン
神	神	シェン	気味悪い	害怕	ハイパー
髪型	发型	ファーシン	気持ち	心情	シンチン
かむ(食べ物)	咀嚼（食物）		気持ちいい	心情好	シンチンハオ
		ジュージュエ(シーウー)	気持ち悪い	心情坏	シンチンホワイ
かむ(動物が)	咬（动物）	ヤオ(ドソウー)	客	客人	カーレン
かゆい	痒	ヤン	キャッシュカード		
～から(時間)	从～（时间）			现金卡	シェンジンカー
		ツォン～(シージェン)	キャンセルする	废约	フェイユエ
～から(場所)	从～（地方）		救急車	急救车	ジーチウチャー
		ツォン～(ディーファン)	休憩	休息	シィウシ
彼	他	ター	休日	假日	ジャーリー
かわいい	可爱	カーアイ	牛肉	牛肉	ニウロウ
かわいそう	可怜	カーリェン	牛乳	牛奶	ニウナイ
変わる	变	ビェン	給料	工资	ゴンズー
考え	想法	シャンファー	教育	教育	ジャオイー
考える	考虑	カオリュー	教会	教堂	ジャオタン
頑固な	顽固	ワングー	兄弟(姉妹)	兄弟（姐妹）	
感謝する	感谢	ジュエダ			シィオンディー(ジエメイ)
感じる	觉得	ガンシエ	興味	兴趣	シンチュー
簡単な	简单	ジェンダン	嫌う	讨厌	タオイェン
乾杯	干杯	ガンベイ	着る	穿	チュワン
がんばる	努力	ヌーリー	切る	切	チエ
			きれい(清潔な)	干净	ガンジン
き			きれいな	美丽	メイリー
消える	消失	シャオシー	禁煙	禁烟	ジンイェン
気が合う	气一致	チーイージー	銀行	银行	インハン
着替える	换衣服	ホワンイーフ	緊張する	紧张	ジンジャン

勤勉な	勤劳	チンラオ

く

空港	机场	ジーチャン
偶然	偶然	オウラン
空腹	饿	アー
くさい	臭	チョウ
腐った	腐烂	フーラン
くしゃみをする	打喷嚏	ダーペンティー
くすぐったい	痒痒	ヤンヤン
薬	药	ヤオ
果物	水果	シュイグオ
くだらない	无聊	ウーリャオ
口がうまい	能说会道	ナンシュオホエダオ
口が軽い	碎嘴子	スイズイズ
口が悪い	嘴损	ズイスン
口紅	口红	コウホン
靴	鞋	シエ
口説く	说服	シュオフー
悔しい	遗憾	イーハン
暗い	暗	アン
クリスマス	圣诞节	シェンダンジエ
来る	来	ライ
苦しい	痛苦	トンクー
車	车	チャー
苦労する	辛苦	シンクー
クンニリングス（ス）		
	舔阴	ティエンイン

け

経験	经验	ジンイエン
警察	警察	ジンチャー
計算する	计算	ジースワン
携帯電話	手机	ショウジー
契約する	签订合同	
		チィエンディンハートン
ケガをする	受伤	ショウシャン
化粧する	化妆	ホワージュワン
消す	关闭	グワンビー

ケチな	小气	シャオチー
血液	血液	シュエイー
血液型	血型	シュエシン
月経	月经	ユエジン
結婚	结婚	ジエフン
結婚式	婚礼	フンリー
欠点	缺点	チュエディエン
下品な	下流	シャーリュウ
毛深い	毛厚	モウホウ
蹴る	踢	ティー
ケンカ	争吵	ジャンチャオ
ケンカする	吵架	チャオジャー
元気がない	没有精神	メイヨウジンシェン
元気な	精神	ジンシェン
健康	健康	ジェンカン
検査	检查	ジェンチャー
現在	现在	シェンツァイ

こ

濃い（味）	浓（味道）	ノン（ウェイダオ）
濃い（色）	深（颜色）	シェン（イェンスー）
恋	恋爱	リェンアイ
恋しい	怀念	ホワイニェン
恋する	谈恋爱	タンリェンアイ
恋人	情人	チンレン
後悔する	后悔	ホウホエ
睾丸	睾丸	ガオワン
強姦	强奸	チアンジェン
交際	交际	ジャオジー
香水	香水	シャンスイ
交番	派出所	パイチュースオ
幸福	幸福	シンフー
興奮する	激动	ジードン
傲慢な	傲慢	アオマン
声	声音	シェンイン
誤解する	误解	ウーホエ
故郷	故乡	グーシャン
告白	坦白	タンバイ
ここ（へ）	这里	ジェーリー

「会話で使える」日本語─中国語辞書

心	心	シン
答える	回答	ホエダー
小包	小包	シャオバオ
コップ	玻璃杯	ボーリーベイ
言葉	语言	イューイエン
子ども	孩子	ハイズ
断る	谢绝	シエジュエ
ごはん（ライス）	米饭	ミーファン
困る	困难	クンナン
ゴミ	垃圾	ラージー
米	大米	ダーミー
ごめんなさい	对不起	ドゥイブチー
これ	这个	ジェーガ
これから	从现在	ツォンシェンザイ
殺す	杀	シャー
怖い	可怕	カーパー
壊す	弄坏	ノンホワイ
コンドーム	避孕套	ビンユゥンダオ
婚約する	订婚	ディンフン

さ

再会する	再会	ザイホエ
最近	最近	ズイジン
最後	最后	ズイホウ
最高の	最高	ズイガオ
祭日	节日	ジエリー
才色	才姿	ツァイズー
最初の	首先	ショウシェン
催促する	催促	ツイツー
才能	才能	ツァイナン
財布	钱包	チェンパオ
幸い	幸而	シンアー
探す	找	ジャオ
魚	鱼	イュー
盛り	盛	シャン
詐欺	欺诈	チーザー
桜	樱花	インホア
酒	酒	ジウ
避ける	避开	ビーカイ

ささやく	私语	スーイユー
刺される（刃物で）	被刺（刀）	ベイツー（ダオ）
刺される（虫に）	被咬（虫）	ベイヤオ（チョン）
さじを投げる	放弃	ファンチー
誘う	邀请	ヤオチン
さびしい	寂寞	ジーモー
寒い	冷	ラン
冷める	凉	リャン
さようなら	再见	ザイジェン
触る	触	チュー
残念	遗憾	イーハン
産婦人科	妇产科	フーチャンカー
散歩する	散步	サンプー

し

死	死	スー
幸せ	幸福	シンフー
幸せな	幸福的	シンフーダ
潮を吹く（ス）	吹潮	チュイチャオ
しかし	可是	カーシー
しかる	责备	ザーベイ
時間	时间	シージェン
仕種	动作	ドンズオ
刺激	刺激	ツージー
仕事	工作	ゴンツゥオ
静かな	安静	アンジン
下	下面	シャーミェン
舌	舌头	シャートウ
～したい	想～	シャン～
親しい	亲近	チンジン
滴る	滴落	ディールオ
しつこい	絮叨	シューダオ
嫉妬する	嫉妒	ジードゥー
嫉妬深い	嫉妒深的	ジードゥーシェンダ
失望する	失望	シーワン
失礼な	不礼貌	ブーリーマオ
～してはいけない	不要做～	ブーヤオズオ～
～してもいい	可以做～	カーイーズオ～
しとやか	文静	ウェンジン

縛る	捆	クゥン		スカート	裙子	チュンズ
脂肪	脂肪	ジーファン		透かす	透过	トウグオ
写真	照片	ジャオピェン		好き	喜欢	シーファン
借金する	借钱	ジエチェン		好きもの	喜欢的东西	シーファンダドンシ
しゃべる	说	シュオ		優れる	出色	チュースー
宗教	宗教	ゾンジャオ		スケベ	色乱	スーラン
住所	地址	ディージー		少し	稍微	シャオウェイ
自由な	自由	ズーヨウ		すごす	过	グオ
酒池肉林	奢侈的酒宴			すこぶる	非常	フェイチャン
		シャーチーダジウイエン		筋	筋	ジン
出産する	生孩子	シャンハイズ		涼しい	凉快	リャンクワイ
～出身	出生地	チューシャンディー		進む	前进	チェンジン
趣味	爱好	アイハオ		ずっと	一直	イージー
正月	新年	シンニェン		酸っぱい	酸	スワン
正直な	正直	ジャンジー		捨てる	扔掉	ルワンディアオ
上手な	能手	ナンショウ		ストイシズム	禁欲主义	
冗談をいう	开玩笑	カイワンシャオ				ジンイュージューイー
娼婦	娼妇	チャンフー		ストレス	紧张	ジンジャン
小便をする	撒尿	サーニャオ		砂	沙	シャー
将来	将来	ジャンライ		素直な	天真	ティエンジェン
食事をする	吃饭	チーファン		素晴らしい	极好	ジーハオ
処女	处女	チューニュー		すべすべした	光滑	グワンホアー
女性	女性	ニューシン		すべての	全部	チュエンブー
知り合いになる	成为相识			すみません	劳驾	ラオジャー
		チャンウェイシャンシー		住む	住	ジュー
知る	知道	ジーダオ		相撲	相扑	シャンプー
素人	外行	ワイハン		する	做	ズオ
人生	人生	レンシャン		ずるい	狡猾	ジャオホアー
親切な	亲切	チンチエ		～するのが好き	喜欢做～	シーファンズオ～
心配する	担心	ダンシン		擦れる	摩擦	モーチャー
親友	老朋友	ラオポンヨウ		座る	坐	ズオ
信頼する	信赖	シンライ				

す

吸う（タバコ）	吸（香烟）	シー（シャンエン）
数回	几次	ジーツー
図々しい	无耻	ウーチー
スーパーマーケット		
	超市	チャオシー

せ

性	性情	シンチン
精液	精液	ジンイエ
性格	性格	シンガー
生活	生活	シェンフオ
性器（女性）	阴道	インダオ
性器（男性）	阴茎	インジン

請求	请求	チンチウ
清潔な	清洁	チンジエ
成功する	成功	チャンゴン
性質	性质	シンジー
誠実な	诚实	チェンシー
精神	精神	ジンシェン
成長する	发育	ファーイユー
静電気	静电	ジンディエン
贅肉	赘肉	ジュイロウ
性病	性病	シンビン
性欲	性欲	シンイユー
生理	月经	ユエジン
責任	责任	ザーレン
赤飯	红小豆糯米饭	
		ホンシャオトウヌオミーファン
セックス	做爱	ズオアイ
石鹸	香皂	シャンザオ
接触する	接触	ジエチュー
説明する	说明	シュオミン
狭い	窄	ジャイ
洗濯する	洗衣服	シーイーフ
銭湯	澡堂	ザオタン

そ

挿入する	插入	チャールー
掃除する	打扫	ダーサオ
早熟	早熟	ザオシュー
相談する	商量	シャンリャン
そこ	那里	ナーリ
育てる	培养	ペイヤン
そっと	偷偷	トウトウ
外	外边	ワイビェン
その	那	ナー
そのうえ	而且	アールチェ
ソファー	沙发	シャーファー
染まる	染上	ランシャン
空	天空	テンコン
剃る	剃	ティー
それ	那	ナー

それら	那些	ナーシエ
尊敬する	尊敬	ツンジン

た

体位	体位	ティーウェイ
退屈	无聊	ウーリャオ
大使館	大使馆	ダーシーグワン
大切な	重要	ジョンヤオ
怠惰な	懒惰	ランドゥオ
大便をする	拉屎	ラーシー
唾液	唾液	トゥオイエ
高い(値段)	贵(价格)	グイ(ジャーガー)
高い(身長)	高(身长)	ガオ(シェンチャン)
宝くじ	彩票	ツァイピャオ
抱く	抱	バオ
たくさん	很多	ヘンドゥオ
たくましい	健壮	ジェンジュワン
企む	阴谋	インモー
～だけ	只～	ジー～
助ける	帮助	バンジュー
訪ねる	访问	ファンウェン
～だそうだ	听说～	ティンシュオ
堕胎	打胎	ダータイ
叩く	打	ダー
正しい	正确	ジャンチュエ
畳	榻榻米	ターターミー
立つ	站	ジャン
たとえば	如果	ルーグオ
他人	别人	ビエレン
種	种	ジョン
楽しい	快乐	クワイラー
タバコ	香烟	シャンエン
たぶん	大概	ダーガイ
食べる	吃	チー
だます	骗	ピェン
ダメ	不行	ブーシン
試す	试验	シーイエン
頼る	依靠	イーカオ
だらしない	不检点	ブージェンディエン

だれ？	谁	シェイ
～だろう	可能～	カーナン～
戯れる	调戏	ティアオシー
短所	缺点	チュエディエン
誕生日	生日	シェンリー
ダンス	跳舞	ティヤオウー
男性器	阴茎	インジン
旦那	先生	シェンシャン
淡白な	清谈	チンタン

ち

血	血液	シュエイイエ
小さい	小	シャオ
チェックアウト	退房	トゥイファン
チェックイン	登记	ダンジー
地下	地下	ディーシャー
違う	不同	ブートン
力強い	强有力	チャンヨウリー
竹林	竹林	ジューリン
地図	地图	ディートゥー
父	父亲	フーチン
チップ	小费	シャオフェイ
乳房	乳房	ルーファン
注意する	注意	ジューイー
仲介	中介	ジョンジエ
注射	打针	ダージェン
駐車場	停车场	ティンチャーチャン
中心	中心	ジョンシン
注文する	订货	ディンフオ
調子	状态	ジュワンダイ
長所	优点	ヨウディエン
朝食	早饭	ザオファン
挑戦する	挑战	ティアオジャン
丁度	正好	ジャンハオ
挑発的	挑逗	ティアオドウ
直角	直角	ジージャオ
ちょっと（時間的に）	一会儿（时间的）	
		イーホア（ジージェンダ）
ちょっと（数が）	一点儿（数）	イーディエン（シュー）

治療する	治疗	ジーリャオ
珍宝	珍宝	ジェンバオ
沈黙	沉默	チェンモー

つ

ついに	终于	ジョンイュー
費やす	花费	ホアーフェイ
通訳する	翻译	ファンイー
使う	使用	シーヨン
つかむ	抓	ジュワー
疲れる	累	レイ
つきあい	来往	ライワン
次の	下一个	シャーイーガ
着く	到	ダオ
つくる	做	ズオ
付け込む	利用	リーヨン
つじつま	条理	テャオリー
伝える	传	チュワン
土	土	ドゥー
続く	继续	ジーシュー
包む	包	バオ
美人局（つつもたせ）		
	仙人跳	シェンリェンティアオ
繋がる	连接	リェンジエ
常に	经常	ジンチャン
募る	招募	ジャオムー
唾を飲む	喝唾沫	ハートゥオモ
壺	罐	フー
妻	妻子	チーズ
つまらない	无聊	ウーリャオ
つまり	就是说	ジウシーシュオ
摘む	摘	ジャイ
爪	指甲	ジージャー
冷たい（温度）	冷（温度）	
		ラン（ウェンドー）
冷たい（性格）	冷淡（性格）	
		ラン（ウェンドー）
		ランタン（シンガー）
梅雨	梅雨	メイユー
強い	强	チャン

「会話で使える」日本語―中国語辞書

つらい	痛苦	トンクー

て

手	手	ショウ
出会い	遇见	イュージェン
抵抗する	反抗	ファンカン
貞淑	贞洁	ジェンジエ
ディスコ	迪斯科	ディースーカー
丁寧な	有礼貌	ヨウリーマオ
出稼ぎ	出外赚钱	
		チューワイジュワンチェン
手紙	信	シン
出来心	一时的冲动	
		イーシーダチョンドン
～できる	会～	ホエ～
でこぼこ	坑洼不平	カンワーブーピン
手探り	摸索	モースオ
～でしょう？	～吗？	～マ
手伝う	帮助	バンジュー
～ではない	不是～	ブーシー～
でまかせ	谎言	ホワンイェン
～でも	可是～	カーシー～
寺	寺院	スーユエン
天気	天气	ティエンチー
天井	顶棚	ディンパン
てんてこまい	手忙脚乱	
		ショウマンジャオルワン
テント	帐篷	ジャンパン
電話	电话	ディエンホア
電話する	打电话	ダーディエンホア
電話番号	电话号码	
		ディエンホアハオマー

と

～と	和～	ハー～
トイレ（女性）	女厕（女性）	
		ニューツー（ニューシン）
トイレ（男性）	男厕（男性）	
		ナンツー（ナンシン）

どういたしまして	不客气	ブーカーチー
道具	工具	ゴンジュー
洞窟	洞穴	ドンシュエ
峠	山顶	シャンディン
どうして？	为什么？	ウェイシェンマ
どうしても	必须	ビーシュー
当然	当然	ダンラン
到着する	到达	ダオダー
童貞	童贞	トンジェン
投票する	投票	トウピャオ
唐変木	笨蛋	ベンダン
どうやって？	怎么做？	ゼンマズオ
東洋	东洋	ドンヤン
遠い	远	ユエン
ドキドキする	扑通扑通的跳	
		プートンプートンダティアオ
独身	单身	ダンシャン
時計	表	ビャオ
どこ？	哪里？	ナーリ
図書館	图书馆	トゥーシューグワン
歳をとる	上年纪	シャンニィエンジー
とても	非常	フェイチャン
止まる	停	ティン
泊まる	住	ジュー
友だち	朋友	ポンヨウ
虜	俘虏	フーリュー
どれ？	哪个？	ナーガ
鈍感な	感觉迟钝	
		ガンジュエチードゥン

な

ナース	护士	フーシー
ない	没有	メイヨウ
中	中	ジョン
長い	长	チャン
～ながら	一边～一边～	
		イービェン～イービェン～
泣く	哭	クー
投げる	投	トウ

情けない	可怜	ノーリェン	猫	猫	マオ
馴染む	熟悉	シューシー	眠い	困	クン
なぜ	为什么	ウェイシェンマ	眠る	睡	シュイ
懐かしい	怀念	ホワイニェン			
何	什么	シェンマ			

～の	～的	～ダ
残す	留下	リウシャー
覗く	窥视	クイシー
飲む	喝	ハー
乗る	乗坐	チャンズオ

生	生的	シェンダ
生意気な	傲慢	アオマン
名前	名字	ミンズ
怠け者	懒汉	ランハン
涙	泪	レイ
滑らか	光滑	グワンファー
なめる	舔	ティエン
成り行き	趋势	チューシー

に

～に(方向)	到～(方向)	ダオ～(ファンシャン)
似合う	相称	シャンチャン
匂い	香味	シャンウェイ
苦い	苦	クー
握る	握	ウォー
逃げる	逃跑	タオパオ
ニックネーム	昵称	ニーチャン
日光	阳光	ヤングアン
日本	日本	リーベン
日本人	日本人	リーベンレン
荷物	行李	シンリー
人形	偶人	オウレン
人情	人情	レンチン
妊娠した	怀孕	ホワイユン

ぬ

縫う	缝	フォン
ヌード	裸体	ルオティー
温もり	暖和气	ヌワンハーチー
塗る	涂	トゥー
濡れた	濡湿了	ルーシーラ

ね

願う	希望	シーワン

は

入る	进入	ジンルー
はかない	虚幻	シューファン
ばかばかしい	无聊	ウーリャオ
激しい	激烈	ジーリエ
箱	箱子	シャンズ
恥	耻辱	チールー
初めて	初次	チューツー
始める	开始	カイシー
場所	地方	ディーファン
走る	跑	バオ
はずかしい	不好意思	ブーハオイース
はずかしく思う	觉得不好意思	
		ジュエダブーハオイース
バスルーム	浴室	ユーシー
働く	工作	ゴンズオ
花	花	ホア
話す	说	シュオ
母	母亲	ムーチン
早い	早	ザオ
速い	快	クワイ
晩	晩上	ワンシャン
パン	面包	ミェンバオ
ハンサムな	帅	シュワイ
半分	一半	イーバン

ひ

火	火	フオ

「会話で使える」日本語─中国語辞書

美	美	メイ
ビール	啤酒	ピージィウ
びくびくする	哆嗦	ドゥオスオ
左	左面	ズゥオミェン
必要な	必须	ビーシュー
人	人	レン
秘密	秘密	ミーミー
紐	带	ダイ
昼	白天	バイティエン
広い	帽	グアンファン

ふ

不安	不放心	ブーファンシン
深い	深	シェン
服	衣服	イーフ
不潔な	不清洁	ブーチンジエ
不幸	不幸	ブーシン
ブス	不漂亮	ブーピャオリャン
再び	再次	ザイツー
普通	一般	イーバン
太い	粗	ツー
布団	被褥	ベイルー
古い	旧	ジウ
風呂	洗澡	シーザオ

へ

平和	和平	ハーピン
ベッド	床	チュワン
別の	另外(区别)	リンワイ(チュービェ)
部屋	房间	ファンジェン
勉強する	学习	シュエシー

ほ

帽子	帽子	マオズ
朗らか	开朗	カイラン
ポケット	口袋	コウダイ
欲しい	想要	シャンヤオ
ホテル	宾馆	ピングワン

ほのぼの	感觉温暖	ガンジュエウェンヌワン
微笑む	微笑	ウェイシャオ
本	书	シュー
本当に	真	ジェン

ま

毎日	每天	メイティエン
毎晩	每晚	メイワン
前	前面	チィエンミィエン
曲がり角	拐角	グワイジャオ
枕	枕头	ジェントウ
真面目	认真	レンジェン
交わる	交往	ジャオワン
貧しい	穷	チオン
また	又	ヨウ
間違い	搞错	ガオツゥオ
まっすぐ	一直	イージー
〜まで(時間)	到〜（时间）	ダオ〜(シージェン)
〜まで(場所)	到〜（地方）	ダオ〜(ディーファン)
惑わす	迷惑	ミーフオ
迷う	困惑	クンフオ

み

右	右	ヨウ
見苦しい	不好看	ブーハオカン
短い	短	ドゥワン
水	水	シュイ
店	店	ディエン
乱れる	乱	ルワン
醜い	难看	ナンカン
耳	耳朵	アールトゥオ
土産	特产	トゥーチャン
未来	未来	ウェイライ
見る	看	カン

む

迎えに行く	去接	チュイジエ
むずかしい	难	ナン
息子	儿子	アーズ
結ぶ	结	ジエ
虚しい	空虚	コンシュー

め

目	眼	イェン
珍しい	新奇	シンチー
面倒くさい	太麻烦	タイマーファン

も

～も(同じ)	～也（一样）	～イエ(イーヤン)
燃える	燃烧	ランシャオ
もし～なら	如果～	ルーグオ～
悶える	苦闷	クーメン
餅	年糕	ニィェンガオ
物	东西	ドンシ
問題	问题	ウェンティ

や

約束	约	ユエ
優しい	温柔	ウェンロウ
休む	休息	シウシ
山	山	シャン
やめる	停止	ティンジー

ゆ

友情	友情	ヨウチン
裕福な	富裕	フーイュー
ゆっくり	慢	マン
許す	原谅	ユエンリャン

よ

夜明け	黎明	リーミン
酔う	醉	ズイ
横	横(側)	ハン
読む	读	ドゥー

夜	夜晚	イエワン
喜ぶ	高兴	ガオシン
弱い	弱	ルオ

り

理由	理由	リーヨウ
両替	换钱	ホワンチェン
料金	费用	フェイヨン
料理	菜	ツァイ

れ

レズ	女同性恋	ニュートンシンレン

ろ

露出	曝光	プーグワン

わ

若い	年轻	ニェンチン
わがまま	任性	レンシン
わかる	明白	ミンバイ
別れる	分开	フェンカイ
忘れる	忘记	ワンジー
私	我	ウォー
笑う	笑	シャオ

「会話で使える」日本語─中国語辞書

おわりに

北京で女優の伊東美咲風の女性に会った。イベント会場でコンパニオンをしていた。「三里屯（北京朝陽区にあるバー街）へは遊びに行ったの？」が、最初の言葉だった。

上海で、女優の柴咲コウ風の女性に会った。虹口サッカー場でジュースを売っていた。「応援グッズも買っていけ！」が最初の言葉だった。

広州でタレントのさとう珠緒風の女性に会った。華夏大酒店でフロアマネジャーをしていた。「広州交易会になったら、部屋代は２倍だからね」が最初の言葉だった。

ハルピンで、女優の江角マキコ風の女性に会った。美容院の店長だった。「冬は零下30度、雪祭りはとてもきれいよ」が最初の言葉だった。

昆明で女優の田中美奈子風の女性に会った。白族の女性でバスの車掌をしていた。「大理や麗江の街にも行ったら」が最初の言葉だった。

延吉で「モー娘。」の加護亜依風の女性に会った。髪が短く、怖い駅員さんだった。「切符をなくした？ あんたここから一歩も出さないわよ！」が最初の言葉だった。

新疆のウルムチで、ロシアの問題児デュオシンガー、t.A.T.uの髪の長いほうの女の子風の女性に会った。「うちのナンはおいしくて、安いよ！」が最初の言葉だった。

チベット・ラサで、永遠のアイドルである中山美穂風の女性に会った。ホントに中山美穂風だった。チベット族の衣装を着て、民芸品を売っていた。「ヤク（チベット高原に生息するウシ科の動物）は食べた？ おいしいでしょ？」が最初の言葉だった。

中国には漢族を含め56の民族の人々が、さまざまな文化を持ち、生活している。その地域、その生活、その文化の話をするだけでもおもしろい。マーケットとしての中国を考えれば、沿岸地域だけでなく、さまざまな地域の特性も知らなければならなくなり、数多くの都市へ行く機会が増えるだろう。さらに中国のビザなし短期滞在も可能になり、日中間の往来もいっそう拡大していく。すると中国各地の女性と知り合う可能性も広がる。なかには本気で好きになる女性も出現するはずだ。

上海で私をよくスナックへ連れて行ってくれた敏腕ビジネスマンK氏は、上海人女性と結婚し、「俺は亭主関白だから、彼女は我慢できるかなあ」などと言っていたのに、いまでは「中華鍋で料理するのって、奥が深いぞ～」と言っている。

私が大連で知り合ったT君は、朝鮮族の女性とつきあい、「中国に精通し、中国ビジネスの第一人者になる」と豪語して中国へ留学してきたのに、いつに間にかハングル文字に詳しくなってしまった。

上海で知り合ったドイツのメーカー勤務のJ氏は、同時に2人の女性とつきあい、1人に絞ろうとした矢先、その女性も2股をかけていたことがわかり、「なんて破廉恥な！」と激怒し、私に当り散らしていた（J氏も同じであることを理解させるのに、大変時間がかかった）。

上海在住歴のあるK氏は、「モデル系が好きなら東北地方、肌のきめ細かさなら四川、かわいい系が好きなら湖南、彫りの深い美人系が好きなら雲南、気の強い女性が好きなら北京・上海、ひと重美人が好きなら内蒙古か延辺、中東美人が好きなら新疆ウイグルだぜ！」と独断と偏見に満ちた分析を撒き散らし、周囲を

その気にさせている（あ、これは私だ）。

しかし、いずれにしろこのような人々に共通するのは、うまいへた関係なく、言葉・会話に対する関心が高いことである。特に敏腕ビジネスマンK氏やドイツ人J氏は中国語でおしゃべりし、冗談を言い、女性の笑いを取れる。もちろんもともとが話好きということもあるが、隠語も含め、中国語の勉強にもかなり熱心だ。と同時に、仕事上でも中国人相手に、中国語でガンガン押し通している。

中国ではちょっとした機会から、現地の女性とのおつきあいが始まるかもしれない。イベントの仕事で中国に行き、コンパニオンから声をかけられ、深い仲になることもあるだろう。お得意先の女性にひと目惚れし、何かと仕事をつくっては、訪問してしまうこともあるだろう。

そんなとき、熱い会話が彼女たちとの距離を縮めていく。そして「いざ」というときの「勝負単語」が数々の思い出をつくっていく……と思う。さあ、みんな恋をしよう！

2003年9月　　　　　　　金井秀文

著者

金井秀文──Hidefumi KANAI

1966年生まれ。早稲田大学教育学部卒業後、大手非鉄金属メーカー、マーケティング会
社を経て、98年より東京リサーチコンサルタントで中国・香港のマーケティングに携わ
る。その後、米国系台湾人率いるマーケティンググループ（中国国内拠点33カ所）に加
わり、上海を拠点に中国、香港、台湾での市場調査、イベント、ＰＲ業務に奔走。現在、
日本において中小企業、エンターテインメント関連企業を中心に、主に中国への進出を
サポートしている。

Mail : 8888@tcn-catv.ne.jp

イラストレーター

坂川りえ──Rie SAKAGAWA

福岡県出身。西南学院大学法学部卒業。在学中、中国・吉林省に遊学。卒業後、セツモード
セミナーへ。デザイン事務所勤務を経て、99年よりフリーに。雑誌、書籍を中心に活躍中。
趣味は映画、特にアジア系の作品。好きな作品は、「少林サッカー」「こころの湯」「スパイシ
ー・ラブスープ」「少林寺」「6 ixtynin 9」など。

装丁・本文デザイン──人見祐之

おとな　　　　　かい　わ しゅう　ちゅうごく　ご
大人のイラスト会話集　中国語

2003年10月10日　初版第1刷発行
2005年 8 月15日　初版第6刷発行

著　者	かないひでふみ 金井秀文	
発行者	増田義和	
発行所	株式会社　実業之日本社	
	〒104-8233　東京都中央区銀座1-3-9	
	電話　03-3535-2393（編集部）　03-3535-4441（販売部）	
	http://www.j-n.co.jp/	
振　替	00110-6-326	
印　刷	大日本印刷㈱　製本所　㈱ブックアート	

誕生日当てゲーム

相手から電卓を受け取り、出た数字から28を引きます。3ケタから4ケタの数字が現れます。
1000と100の位が「生まれ月」の数字に、下2ケタが「生まれた日」の数字になります。

●バリエーション―――このクイズは、ふたつの数字を当てることができます。

セックスした相手の数　做愛过的对手的人数　と
ズオアイグオダドゥイショウダレンシュー

ロストバージンの年齢　第一次做愛的年齢
ディーイーツーズオアイダニェンリン

いままでのボーイフレンドの数　到現在的男朋友的人数和孩子的数　と
ダオシェンザイダナンポンヨウダレンシューハーハイズダシュー

子どもの数とその年齢　孩子的人数,和那个年齢
ハイズダレンシュー,ハーナーガニェンリン

などなど、いろいろと組み合わせて楽しんでください。

※注意　ふたつ目の数字（巻頭のクイズでは、「生まれた日」）は、2ケタに収まるように配慮してください。

砂漠で何を飲む？

※コメントは、相手に見せてあげましょう。

これは、欲求不満度（欲望不満度）テストです。
イゥーワンブーマンドゥー

A 欲求不満度 **50%**　　欲望不満度　50%
イゥーワンブーマンドゥー　バイフンジーウーシー

無難な選択をしたあなた。たまには激しい恋に堕ちるのも、いいものですよ……。
无难选择的你。落下激烈的恋爱,也好……。

B 欲求不満度 **80%**　　欲望不満度　80%
イゥーワンブーマンドゥー　バイフンジーバーシー

心が渇き切る前に、ステキな出会いを……。
心渴望切前,极好的相遇……。

C 欲求不満度 **20%**　　欲望不満度　20%
イゥーワンブーマンドゥー　バイフンジーアーシー

恋に対しても決して妥協しないあなた。純愛にこだわりすぎて、手遅れにならないように……。
对恋爱绝对也不妥协的你。纯洁的爱情拘泥过多,不变得为时已晚……。

D 欲求不満度 **120%**　欲望不満度　120%
イゥーワンブーマンドゥー　バイフンジーイーバイアーシー

あなたの欲求不満は、「相手はだれでもいい！」というレベルにまで達しています。
你的欲望不满,达到「对手谁也可以！」。

E 欲求不満度 **0%**　　欲望不満度　0％
イゥーワンブーマンドゥー　バイフンジーリン

あなたの心は満たされているようですね。お幸せに。
你的心好象被满足。祝你幸福。